Séneca y el secreto de la felicidad

ENSAYOS | **B**erenice

ALBERTO MONTERROSO

Séneca y el secreto de la felicidad

Berenice

Primera edición: abril de 2024

Berenice • Ensayos

Director editorial: Javier Ortega

Maquetación de Miguel Andreu

www.editorialberenice.com

Editorial Almuzara
Parque Logístico de Córdoba. Ctra. Palma del Río, km 4
C/8, Nave L2, nº 3. 14005, Córdoba

ISBN: 978-84-11316-25-5
Depósito Legal: CO-590-2024

Impreso en España/*Printed in Spain*

A Natalia y Alberto,
fuente inagotable de felicidad.

Non est miser, nisi qui se esse credit.
Solo es infeliz quien cree que lo es.

(Varrón, Sentencias, 96)

Índice

Prólogo

Si tecleamos la palabra *felicidad* en cualquier buscador de internet o moderna plataforma de inteligencia artificial, posiblemente nos quedemos más desorientados que antes de hacerlo. Una base de datos de millones de páginas, pero sin experiencia vital ni intelectual humana, nos sumergirá en un maremágnum confuso y laberíntico difícil de resolver. Si nos atiborramos de libros de autoayuda, es probable que nos ocurra lo mismo. En primer lugar, la moderna inteligencia artificial reúne información sin saber qué está haciendo, al igual que una calculadora nos resuelve una multiplicación sin saber qué significa o para qué me sirve. En segundo lugar, un concepto tan complejo como la felicidad, tan personal, puede convertirse en uno de los más ambiguos y confusos. ¿Qué es la felicidad? La respuesta puede ser tan general y obvia, o, por el contrario, proponer tantas variables diferentes, que no me sirva para mi vida concreta, para el ser humano de este siglo XXI que se nos muestra cada vez más inasible y engañoso, opulento en conexiones virtuales, pero pobre a la hora de conectarnos realmente a los demás, sin apenas certezas que dirijan el rumbo de nuestra vida.

Non multa sed multum, decían los clásicos, o sea, no muchas cosas sino mucho de algo concreto, es decir, en profundidad. Hay que centrarse para no dispersarse. Esa es mi propuesta para exponer el concepto de felicidad: no abordarla de modo general, ¿en qué consiste?, sino acotarla, mostrar la idea de felicidad en uno de los pensadores más importantes de la historia, Séneca, que sigue una de las corrientes de pensamiento más influyentes de la historia: el estoicismo. Y para ello el libro aborda cuatro momentos: el primero sobre la propia figura de Séneca y las claves de su filosofía; los dos siguientes tratan sus pautas para alcanzar la felicidad; el último la aplicación práctica de sus ideas a los temas más acuciantes de nuestra actualidad.

El estoicismo es una poderosa corriente de pensamiento que se ha mantenido viva durante veinticuatro siglos y que ofrece hoy grandes expectativas de futuro, porque resurge con fuerza en nuestras sociedades, como ha ocurrido en otros momentos de la historia. Desde su nacimiento en la Grecia del siglo III a.C., su vigencia no ha decaído. Sirvió de modelo de príncipes y gobernantes durante el Siglo de Oro del Imperio romano, baste citar a Marco Aurelio; dio al mundo a los mejores intelectuales de la historia, baste citar a Séneca; su ética impregnó a religiones como la cristiana; y, por el contrario, inspiró igualmente los principios de la Revolución francesa, que empleó uno de los versos de Lucano, sobrino de Séneca, estoico como él, como lema que resumía el objetivo prioritario de la propia Revolución: *las espadas se forjaron para que nadie sea esclavo.*

El pensamiento estoico tiene un claro mensaje de liberación social y política, pero también personal, pues ha abierto nuevas perspectivas a la psicología de los siglos XX y XXI y promete seguir influyendo en el futuro. En este primer cuarto del siglo XXI, son miles las páginas de internet, vídeos, pódcast, libros y artículos que se publican cada año dedicados al estoicismo y a sus grandes pensadores, especialmente los de época romana: Séneca, Epicteto o el propio Marco Aurelio. El estoicismo, ya sea en su versión clásica, de neoestoicismo o de estoicismo moderno, ha impregnado durante siglos el mundo de la política, de la ciencia, de la religión y la psicología, y lo sigue haciendo en nuestra sociedad actual, acosada por crisis tan feroces como aquellas a las que se enfrentaron Séneca o Marco Aurelio, a tiranías, a guerras o a pandemias como las que hemos combatido en nuestro siglo o aquellas más destructivas que afrontó el propio emperador Marco Aurelio, como fueron las guerras germánicas o la peste antonina. Los seres humanos de hoy, perdidos en las crisis económica y personal, individual y social, buscamos respuestas a nuestros problemas como las buscaron otros en la Edad Moderna, aquel siglo XVI en que Europa se desgarraba en guerras de religión, o en la Contemporánea, con aquellas revoluciones, como la inglesa, francesa o americana, que han dado paso a nuestras democracias actuales. Y en esta reflexión sobre nuestro tiempo y las dificultades a que nos enfrentamos, el testimonio de los pensadores estoicos, de intelectuales de la talla de Séneca, Epicteto o Marco Aurelio, puede aportar luz, sugerir ideas, alumbrarnos hoy el camino tanto a nivel personal como social.

De todas las corrientes filosóficas de la Antigüedad es el estoicismo el que mejor puede inspirarnos en este siglo XXI en el que nos enfrentamos a retos planetarios y no solo localistas. Y puede hacerlo, como hemos dicho, a nivel social o político, pero también en el plano personal, porque esta línea de pensamiento atiende a los problemas del individuo y al cuidado de uno mismo. De todos los estoicos es Séneca el que más se acerca al corazón del ser humano solitario y el que más fuerza puede aportar al hombre de hoy, acuciado por las crisis, amenazado por la deshumanización de este mundo consumista y tecnológico en que vivimos, que no nos provee de la tan prometida felicidad, sino que nos vende un engaño que nos frustra y nos llena de angustia y decepción.

El estoicismo propone soluciones a nivel individual y social a la vez, porque es una filosofía que concibe al ser humano conectado con los demás. Muchos autores y psicólogos mediáticos de hoy se visten de senequistas para atraer a las masas, pero no es verdadero estoicismo lo que venden. A veces lo disfrazan de escuela pseudofilosófica y sectaria: dictan normas de comportamiento, ejercicios y otras pautas con las que entrenarse para la felicidad. Son demasiado doctrinarios y se aprovechan en su beneficio de este caudal de pensamiento senequista, como en su día hizo la Iglesia para configurar su teología; pero no es esa el alma del estoicismo, sino la búsqueda de la felicidad personal a través de la libertad, el enriquecimiento del individuo desde la cultura y el sentimiento, el fomento de su decisión libre y reflexiva, lejos de la manipulación y el consumismo. A diferencia de las modernas religiones o sectas, el estoicismo no tiene verdad revelada, libros, doctrina o normas que cumplir. En su filosofía, no hay una sola voz cantante, sino una polifonía de voces. Hay estoicos que creen en la trascendencia del alma y otros que no. Y todos ellos pertenecen en igualdad de condiciones a la misma corriente intelectual. Los hay de diferentes estratos sociales. Sin ir más lejos los grandes estoicos de época romana fueron un rico senador, Séneca, un antiguo esclavo, Epicteto, y un emperador, Marco Aurelio. Y los tres fueron igualmente estoicos; de hecho, están considerados los tres mejores filósofos del estoicismo romano. Esta es una filosofía abierta a todos, centrada en la cultura y el pensamiento, en el respeto al ser humano y a su libertad. Es además una filosofía que revierte en lo social, que se preocupa por la política, entendida como convivencia respetuosa de individuos diferentes, como búsqueda del mejor gobierno, el que impulse la solidaridad y el bien común, la dignidad y la libertad de los ciudadanos, de cada persona particular. Por eso, los libros de autoayuda tienen poco que ver con el estoicismo verdadero, porque no hay que poner solo el foco en nuestra persona, en que somos los mejores, en que lo valemos todo, acariciando nuestro ego para así mitigar nuestra frustración o nuestra angustia. Por encima de todo eso hay que pensar que nos realizamos en el otro, en la sociedad, en los demás seres humanos con los que compartimos este mundo que hemos heredado, hasta el extremo de que un estoico no se considera ciudadano de su pueblo, o de su ciudad, o de su país. Su patria es el mundo, es decir, es cosmopolita, término que en griego significa *ciudadano del mundo.*

Fue tras la época de Alejandro Magno y con la decadencia de las ciudades griegas cuando surgió la idea del cosmopolitismo cultural. Será con el estoicismo romano cuando la idea de Imperio, de unión por la fuerza, de anexión y control de territorios, deje de tener un aspecto puramente de dominación para convertirse en un proyecto político global, que garantice la libertad y el bienestar humano en sociedades dirigidas por normas que busquen el bien común, bajo el amparo de esta filosofía política y de gobierno. Ese fue el sueño de Séneca, que no pudo hacerlo realidad en tiempos de Nerón, pero cuyo testigo recogerán los Antoninos, dinastía hispana del siglo II que dará nombre al Siglo de Oro del Imperio romano, tiempo histórico, que, en palabras de Edward Gibbon, constituyó la época más feliz de la historia de la humanidad. Si aquel proyecto pudo realizarse fue gracias al estoicismo filosófico y político del que estuvieron imbuidos aquellos emperadores: Trajano, Adriano, Antonino o Marco Aurelio.

Esta idea de cosmopolitismo estoico se hace hoy día más necesaria que nunca, pues la colaboración transnacional es imprescindible si queremos solventar los problemas sociales, políticos, culturales y medioambientales que amenazan nuestra supervivencia como especie. El cosmopolitismo estoico no es, por tanto, una filosofía antigua y pasada de moda, sino un poderoso caudal de pensamiento que puede aportar ideas y modelos valiosos para la resolución de muchos de los problemas del presente.

Aquel sentimiento anterior al estoicismo, propio de la *polis* griega, era parecido al que sufren nuestras sociedades actuales: cada ciudad se miraba el ombligo, solo atendía a lo que había dentro de sus murallas, al localismo de aquella época que hoy encuentra reflejo en los prejuicios nacionales, los de ahora y los de todos los tiempos, de los pasados y de los que resurgen. Pues hoy renace ese sentimiento localista, excluyente, insolidario, como nacionalismos olvidadizos y desmemoriados, que no reconocen haber sido responsables de guerras atroces. Nada hay más contrario al estoicismo, que propone la superación de ese egoísmo localista de naciones o religiones que aspiran a convertirse en ideología dominante.

Con el estoicismo y la decadencia de las ciudades griegas, el mundo helénico dejó de reducirse a los límites del terruño, al orgullo de la Ciudad-Estado, al chovinismo nacionalista y miope. Ahora el mundo era algo muy extenso, diverso y también inseguro, pero permitía entenderlo a escala global, como un conjunto de pueblos, de personas, de religiones y costumbres que podían coincidir en lo que nos es común a todos los seres humanos. Y esa concordia, ese punto de unión se echa en falta hoy, más aún en una época en que debemos aprender a dar respuestas globales a problemas que son comunes: el cambio climático, la pobreza, la injusticia, las guerras, los fanatismos. En algunos momentos de la historia, breves desgraciadamente, el estoicismo romano superó la visión dominadora de los imperios, eliminó la miopía cateta y peligrosa de los nacionalismos, pregonando, como dirá Séneca, que su patria es el mundo. Ese lenguaje y esa orientación universalista se hace hoy indispensable. Y de los tres grandes estoicos de época romana, Séneca, Epicteto y Marco Aurelio, es el primero el que mejor alumbra el camino, por ser el más político de los tres, el más social e individual a la vez, el que quiso configurar una teoría del poder y del Imperio romano entendida como humanista y cosmopolita. Y es quien mejor ilumina este sendero porque es anterior a la expansión de las grandes religiones monoteístas más extendidas hoy en el mundo, que pretendieron también imponerse con vocación de dominio espiritual y material, un afán que no está en Séneca. Su corriente filosófica nació tres siglos antes que Cristo y mil años antes que el Islam. Respetuoso con las creencias de cada cual, la ventaja de Séneca es que su reino sí es de este mundo. No es un pensador religioso, a pesar de que las religiones posteriores, y en especial el cristianismo, hayan hecho de él bandera. El dios de Séneca no es trascendente sino corpóreo, material, máquina del universo y reflejo de la naturaleza. Sus ideas sobre la Razón y el Destino —sinónimo de Dios para el estoicismo— permiten la experiencia religiosa de cada cual, admitiendo e incorporando sus hábitos y costumbres particulares, siempre que la confesión personal no pretenda elevarse por encima de la sociedad y la política, siempre que las religiones sepan que su reino no es, ni debe ser, de este mundo, siempre que renuncien a sus ansias de proselitismo y de dominación sobre los demás. Las distintas confesiones son diferentes manifestaciones de lo que un estoico entiende como *lo sagrado*, un concepto que da cabida a todas las creencias, de cualquier tipo, y que consiste en un sentimiento compartido de fragilidad y humanidad frente al universo, que es divino, y al que pertenece nuestra razón individual como parte sagrada de cada ser humano que nos debe unir y conciliar. Por eso, el mensaje del estoicismo senequista sigue siendo tan valioso en la actualidad: un ejemplo de sensatez en un mundo tan necesitado de ella como el de hoy.

Han cambiado mucho las cosas en estos dos mil últimos años de historia, pero más en lo aparente, en la tecnología, en los avances científicos, en la comprensión de la materia y el cosmos que en el íntimo conocimiento del ser humano. En una sociedad tan falta de humanismo como la de hoy, el mensaje de Séneca y el estoicismo sigue vigente; es, quizás, más vivificador y útil que en tiempos pasados y se adapta con facilidad al mundo actual, que reclama líneas de pensamiento completas e integradoras en lo humano, lo político y lo social.

La filosofía estoica, y en concreto Séneca, presenta un equilibrio muy sensato entre individuo y sociedad. Desde ese punto de vista, puede convertirse en un punto de encuentro entre diferentes actitudes vitales e intelectuales no solo en lo político, sino en lo religioso, pues ofrece una visión humana completa, que aspira a ser universal. Los estoicos son espiritualistas, su Dios es el alma del Cosmos, pero también son materialistas, porque todo, incluso dios o el alma, está compuesto de materia. No son, por tanto, platónicos ni su filosofía es mística o trascendente. En el estoicismo, alma o mente, podrían ser conceptos semejantes para un lector que quiera acercarse a este mensaje humanista independientemente de sus inclinaciones políticas o religiosas. Las enfermedades del alma, en Séneca, son el equivalente a los pecados de ayer y a los desequilibrios mentales o emocionales de hoy día. Y lo que nos dice el filósofo, desde el abismo de los siglos, es que nuestras creencias erróneas son las responsables de este malestar psicológico que sufrimos en nuestras complejas sociedades actuales. De ahí que su mensaje sea tremendamente liberador, no solo a nivel político o social, sino especialmente humano, porque muchas ideas que incorporamos en nuestro día a día como creencias, ideologías, hábitos, tendencias o estereotipos sociales, no son producto de nuestro pensamiento libre y crítico, sino impuestas por la moda de los tiempos. Y ellas son muchas veces las responsables de nuestra infelicidad. Son el origen de muchas de las preocupaciones, ansiedad, angustia y malestar que sufrimos en esta sociedad del estrés y el materialismo que nos ha tocado vivir. Precisamente contra todo ello plantea el estoicismo una alternativa: libertad, espíritu crítico y sentido común.

Séneca, además, nos habla en sus cartas, desde el corazón del ser humano, desde la complicidad del amigo, del compañero de fatigas, de la persona que ha atravesado la vida, con sus satisfacciones y sus penalidades. Su estilo es tan directo y humano que la filosofía estoica aparece aquí como un bálsamo suave que puede mitigar nuestro dolor y alumbrar nuestras vidas. Pero no basta con leerlo. La suya es una filosofía crítica que exige esfuerzo de la inteligencia y de la voluntad. Aunque para los estoicos la divinidad es material y el alma también, estos filósofos son feroces críticos de las sociedades materialistas, del lujo y el consumismo, que son fuente inagotable de infelicidad. El ansia por el dinero o el reconocimiento social, la búsqueda del placer a toda costa, la envidia y la vanidad nos alejan cada vez más de la felicidad y nos precipitan al desequilibrio emocional, a la agitación mental y existencial, al vacío ético. Y todo eso provoca a la larga una sensación amarga de desasosiego. El ser humano necesita descubrir qué le trae la felicidad, liberarse de los mensajes de la propaganda materialista que nos acosa diariamente, de la esclavitud de las pantallas que nos imponen tendencias y modas, que adoptamos sin criterio, consciente o inconscientemente. Necesitamos hoy, más que nunca, reivindicar nuestra libertad frente a la potente maquinaria de esos móviles mal usados que nos provocan adicción, de esas redes que nos roban nuestro tiempo y libertad. Se hace hoy, más preciso que nunca, reconducir nuestra vida por donde realmente queramos llevarla, por los caminos materiales o espirituales que nos parezca, con libertad y autonomía, en conexión y coherencia con la naturaleza humana y la ética. Y todo esto podemos conseguirlo a través del estoicismo, una filosofía que puede conciliar a personas de diferente credo religioso o político, porque engloba a todas las confesiones y a ninguna, a todas las tendencias políticas y a ninguna. Séneca nos enseña que ese camino de libertad y concordia se puede recorrer con ese esfuerzo de la inteligencia y la voluntad del que hablábamos. Para el estoico, transitar por esta senda conduce a la sabiduría y la felicidad: a la conexión con la naturaleza, que es divina, y que llevamos dentro, como partícipes que somos de ese orden superior del universo y el cosmos.

El pensamiento de Séneca es de una modernidad asombrosa. Ha pervivido en los últimos dos mil años y está más vivo que nunca en este primer cuarto del siglo XXI. En su tiempo, ya recomendaba leer a los clásicos. Muy poco después de su muerte, él mismo se convirtió también en un clásico que no ha dejado de influir en el mundo del pensamiento y la política. Llevaba razón Séneca. Hay que leerlos. Siempre he pensado que quien desconoce a los clásicos es como árbol sin raíces, como hoja caduca que azota el temporal y arrastra el barro en las tardes de invierno. Porque la vida siempre tiene sus inviernos, sus momentos de dolor o crisis. Lo sabían aquellos grandes pensadores de la Antigüedad que vivieron hace dos o tres mil años. Ellos sufrieron y gozaron como nosotros, los hombres del s. XXI. Y, aunque parezcan distantes en el abismo de los tiempos, no lo están en su condición humana. Sintieron y vivieron como nosotros y se han convertido en clásicos porque, aún hoy, podemos aprender de su experiencia. Yo he aprendido con Homero que la vida es un viaje, que los guerreros más fuertes como Aquiles solo son valientes cuando muestran su humanidad y su dolor. He admirado los prodigios de la sintaxis de Cicerón, el lirismo íntimo de Safo, la belleza de Virgilio y la agudeza de Arquíloco o Marcial. Pero ninguno de estos grandes clásicos me ha enseñado a vivir como Séneca, el filósofo de Córdoba, el hombre que nos cuenta, si queremos escucharlo, los secretos de la sabiduría y la felicidad.

Con Séneca he aprendido a no dejarme zarandear, a formarme una actitud ante la realidad que nos rodea, a buscar un sentido a la vida desde la ética y la razón. Los grandes filósofos como Platón o Aristóteles nos enseñan a concebir el mundo, a idear y explicar la realidad. Epicuro nos muestra la bondad del placer, los cínicos la serena rebeldía, los historiadores la naturaleza humana, los trágicos nos llenan de catarsis. Todos ellos nos hacen conscientes de quiénes somos, de la fragilidad y la fortaleza de lo humano. Pero con Séneca he aprendido a vivir. Y a resistir. Con él he podido entender la metáfora del sabio estoico: aquel acantilado sobre el que baten las olas; con él he aprendido que el desorden del mundo es solo aparente, que el caos de la fortuna o el azar, sus golpes, las decepciones de la historia o la política, la vida o muerte de Dios, las experiencias de la vida, los fracasos y adversidades, todo ello, puede ser encajado y transformado por nuestra acción intelectual, por nuestra creatividad y voluntad. Séneca ofrece, a todo aquel que quiera leerlo, un código ético frente a los avatares del mundo, el de antes y el de hoy, no tan diferentes como creemos: pues en lo que se refiere a la naturaleza humana no hemos avanzado tanto. Ahora somos tan felices o infelices como los seres humanos del pasado, que tuvieron que enfrentarse a la existencia como hoy lo hacemos nosotros. Y en medio de esta vorágine que es la vida, Séneca y el estoicismo ofrecen un remedio frente a la adversidad y la muerte. También frente a la prosperidad, a veces igualmente peligrosa. Pero Séneca exige algo a cambio. No promete la felicidad a quien no está dispuesto a luchar, a esforzarse.

Sus ideas muestran una transformación personal a través de la sabiduría y la libertad, una vía que puede ponernos en el sendero de la felicidad.

El mensaje liberador de Séneca y el estoicismo en general para el siglo XXI es así de claro. Ante un mundo de manipulación feroz, de aparente libertad, egoísta e insolidario, dominador y consumista, cada uno de nosotros puede reivindicar su verdadera libertad. La mente, el espíritu y el alma se teñirán del color de nuestros pensamientos. Podremos ver el mundo del color que lo pintemos. Podemos ser felices, aunque también podemos ser tan infelices como creamos y queramos serlo. Lo que a veces nos eleva a los dioses y en otras ocasiones nos sitúa al borde del abismo es saber, como Séneca, que la decisión es nuestra y requiere un esfuerzo. Lo primero que él nos preguntaría es: ¿estás dispuesto a hacer ese esfuerzo?

PARTE I.
SÉNECA, CRUCE DE ESPIRITUALIDADES

1. *¿Quién fue Séneca?*
El personaje y sus sombras

Séneca fue un filósofo y político romano de la primera mitad del s. I d.C., un escritor de fama y uno de los intelectuales que más influencia ha tenido en la historia del pensamiento universal.

Nos encontramos ante un personaje de enorme trascendencia. Ya en su tiempo fue un hombre muy completo y de enorme inquietud vital. A pesar de sufrir desde niño una enfermedad crónica que varias veces estuvo a punto de acabar con su vida, siempre salió a flote. Demostró una increíble capacidad de resistencia, una fuerza vital e intelectual extraordinarias. Durante su vida, se dedicó a muchas actividades diversas y todas las acometió con gran ilusión, y en su mayoría con éxito. Fue un exquisito intelectual, escritor de tragedias, poeta, ensayista, filósofo, escritor de sátira, científico, escritor de cartas (epistolografía), de libros de viaje y etnografía, de temas sociales. Fue un verdadero sabio, pero no uno de los que se aíslan en su torre de marfil, desencantados del ser humano y sus necedades, para encerrarse en su biblioteca y ver pasar el mundo con sus vanidades, puro y excelso él, lejos del mundanal ruido. Séneca no fue así. No fue un hombre pasivo; tomó partido y se metió de lleno en las luchas políticas de su tiempo. No lo hizo por ambición, sino por obligación moral y por convicción personal. La clase social a la que pertenecía le impulsaba a hacer carrera política. Por otro lado, quiso adaptar su ideología de pensamiento estoico a los convulsos tiempos que le tocó vivir. Él nació después de casi un siglo de guerras civiles, cuando surgía en Roma la configuración de un poder naciente, de un nuevo régimen que era el principado de Augusto, el Imperio. Pero aquel nuevo Estado, que nació de las cenizas de la antigua República romana, caminaba a pasos agigantados hacia la tiranía, parecía que irremediablemente, y aquel sabio de Córdoba quiso que Roma no se precipitara por ese camino, sino que se edificara sobre una ideología política estoica que él mismo diseñó en su tiempo, durante el reinado de Nerón, pero en la que fracasó a pesar del esfuerzo. En cambio, los emperadores del siglo II, treinta años después y durante casi un siglo, sí consiguieron llevarla a la realidad. Grandes estoicos como Trajano o Marco Aurelio recogerán el testigo de aquel Séneca político y procurarán llevar las ideas del estoicismo al gobierno del Imperio, demostrando que esta corriente de pensamiento puede atender no solo a los individuos y sus problemas particulares, sino también a las sociedades humanas en su conjunto.

Lucio Anneo Séneca fue, por tanto, un intelectual inquieto y activo, un político de raza, consejero del emperador, cónsul. Fue orador y profesor. También hombre de negocios, gran propietario, empresario vinícola y oleícola. Además de todo ello, fue un escritor genial, de una originalidad poco usual en el mundo antiguo. Creó una nueva expresión literaria que sus contemporáneos no supieron apreciar. En aquellos tiempos el estilo debía acomodarse a los clásicos, es decir, a los autores consagrados. Alejarse de esos parámetros literarios significaba el rechazo de la comunidad académica e intelectual de la Roma de entonces. Sin embargo, el estilo de Séneca era rompedor, y caló hondamente en los jóvenes de su época. Recibió las duras críticas de oradores posteriores como Quintiliano. Pero esta nueva forma de expresión senequista era contundente y llena de vigor, atractiva y original. Se caracteriza por intercalar entre oraciones de mayor longitud sentencias breves, incisivas y muy expresivas. Esta manera de escribir huye del periodo retórico ciceroniano para concluir sus párrafos con una frase contundente que resume la idea de forma sublime, a veces paradójica, siempre concisa y sorprendente. Se trata de un nuevo estilo literario. A partir de ahí, Montaigne lo imitó en el s. XVI. Así lo confiesa en sus escritos. Y este nuevo estilo evolucionó al ensayo moderno, el género que hoy predomina en el mundo académico, literario y científico.

Hemos dicho que fue un escritor muy prolífico. Se han perdido algunas de sus obras sobre etnografía, política y sociedad. Pero quedan muchas otras pertenecientes a los géneros de ensayo, poesía, teatro, sátira y cartas. Tenemos nueve tragedias suyas que inspiraron no solo a Shakespeare. También sirvieron de arranque a la dramaturgia de la Edad Moderna. Contamos también con algunas poesías cuya autoría es dudosa. Se conserva una genial sátira compuesta contra el emperador Claudio llamada *Apokolokyntosis*, la única sátira completa de toda la literatura latina.

Séneca comenzó escribiendo consolaciones, un género compuesto en prosa y destinado a calmar el sufrimiento por la muerte de seres cercanos: la primera la dirigió a su madre, *Ad Helviam matrem de consolatione*, las dos siguientes a su amiga Marcia, *Ad Marciam de consolatione*, y a un ministro de Nerón llamado Polibio, *Ad Polybium de consolatione*. Escribió también obras sobre ciencias naturales: *Investigaciones sobre la Naturaleza* en siete libros; pero la mayoría de sus escritos tratan asuntos morales: *Sobre la Providencia*, *Sobre la firmeza del sabio*, *Sobre la ira*, *Sobre la felicidad*, *Sobre el ocio*, *Sobre la serenidad*, *Sobre la brevedad de la vida*; es autor también de una obra titulada *Sobre los beneficios*, de enfoque social y económico y de otra *Sobre la Clemencia*, de carácter político. Además, escribió un corpus de 124 cartas tituladas *Epístolas morales a Lucilio*, su obra cumbre.

La importancia de Séneca como escritor y filósofo ha destacado sobre las demás actividades que acometió en su vida. Sus libros son un legado exquisito para la posteridad, una fuente de sabiduría de la que han bebido las generaciones que le sucedieron. Pero hay una labor no menos importante que desarrolló en su vida: su dedicación como político, como hombre interesado en llevar la cultura al poder, en colocar a la filosofía estoica en el trono de Roma, en buscar un buen gobierno para la sociedad que le tocó vivir. Ese compromiso lo asumió con valentía, desde los momentos en que comenzó a ver en Tiberio una deriva autoritaria. En política, Séneca siempre defendió la libertad y el bien común. Por eso fue condenado a muerte por Calígula, Claudio y Nerón. Tres condenas a muerte a manos de tres emperadores consecutivos, que han pasado a la historia como tiranos o autócratas. Se salvó de las dos primeras. Sucumbió a la tercera. Toda su vida quiso construir, desde la ideología estoica, un régimen político que él veía que se iba inclinando peligrosamente hacia la tiranía. Pretendió torcer ese rumbo en busca de una política más respetuosa con el Senado y las libertades. Ese fue su empeño y en esa lid perdió la vida a manos de Nerón. Sus obras hablan de ese imperio racional y estoico que luego pondrán en práctica los Antoninos, especialmente los emperadores Antonino Pío y Marco Aurelio. Por eso la vertiente política de Séneca, pese a tener menos importancia que la filosófica, fue determinante en su vida y en la imagen posterior del personaje.

Un intelectual consagrado, un filósofo venerado y escritor de prestigio que decida introducirse en el mundo de la política, mezclarse con las miserias de la corte, meterse de lleno en las miasmas del poder, está destinado, ya de por sí, por el mero hecho de haber tomado esa decisión, a la crítica, a la venganza y a la maledicencia. Muchos estudiosos de la vida y el pensamiento de Séneca, han tenido que justificar después al personaje aclarando que los errores que pudo cometer en el campo de la política no merman la calidad de sus ideas filosóficas. Han querido separar al hombre de sus ideas, porque, ya en vida, Séneca sufrió una agresiva campaña de desprestigio, por oponerse a la tiranía de Nerón, por chocar frontalmente con los egoísmos de muchos senadores y por puro combate político. En la lucha por el poder son muchas las ambiciones, los intereses personales y las rencillas. Es fácil ganarse enemigos que buscarán la más mínima ocasión para desgastar al adversario. El de la política es un terreno más arisco aún que la literatura, donde los escritores menos dotados o de menor éxito literario criticarán a los mejores por pura envidia o vanidad. Aquí, en el terreno político hablamos de poder, de dinero, de dominio. Hay más en juego y, por tanto, el acoso y derribo del adversario se ejecutan con mayor crueldad y medios más potentes.

No vamos a entrar aquí a defender o acusar al Séneca político. Hay opiniones para todos los gustos. Muchos creen que Séneca era un hipócrita, un hombre rico que defendía la sobriedad. Fue maestro de Nerón. ¿Qué le enseñó?, preguntan algunos. En los años en que sirvió como consejero y ministro a sus órdenes muchos dicen que tapó los crímenes del tirano, que prestaba dinero con usura, que proclamaba una cosa y hacía otra. Esa es la leyenda negra del Séneca político. Con detalle la he tratado en mi libro *Séneca, la sabiduría del Imperio.*[1] No entraré aquí a valorarla. Solo diré que un hombre condenado tres veces a muerte por emperadores tiranos o autoritarios, como Calígula o Claudio, y asesinado finalmente por Nerón, no casa con la idea de un político corrupto o acomodaticio. Quien ha sido condenado y perseguido por el poder absoluto, quien defiende en sus escritos la libertad y el buen gobierno, quien afronta la muerte con la valentía con la que lo hizo Séneca, sin doblegarse nunca ante el tirano, ya solo por eso merece, al menos, el beneficio de la duda.

2. *Las claves de su filosofía*

Séneca pertenece al estoicismo. Según esta corriente de pensamiento, la felicidad y el cumplimiento del sentido de la vida se alcanzan a través de la virtud, entendida como el uso de la razón. La afirmación puede parecer, a primera vista, rígida y abstracta, aparentemente dogmática, pero no es así. Su postura es ecléctica y original; Séneca escucha y acepta otros enfoques, pero siempre los hace pasar por el filtro de su razón y de su espíritu crítico. Su preparación intelectual fue de primer orden. Sus escritos revelan un conocimiento enciclopédico de la filosofía griega y de los diferentes campos de la cultura de su época. Pero supo defender también, de un modo asombrosamente moderno, la investigación de nuevas vías de conocimiento:

> Nunca se encontrarían hallazgos nuevos si nos contentáramos con los ya realizados. Además, quien se limita a seguir a otro, no descubre nada; es más ni siquiera investiga.[2]

Séneca es un filósofo original y cercano. No se detiene en disquisiciones filosóficas ni en teorías generales. Aborda directamente el tema que más nos preocupa. La primera y más importante cuestión es cómo se ha de vivir, qué ideas o actitudes pueden guiar con éxito nuestra vida. Y cuando hablamos de éxito nos referimos al verdadero: al éxito humano, no al material. En su reflexión, no pretende construir un sistema teóricamente compacto ni empieza como Platón o Aristóteles hablando sobre el ser, el alma o el cosmos. En Séneca, todo comienza en la ética, en la forma en que podemos dirigir la vida para alcanzar la libertad y la felicidad. Ese es el gran tronco de la filosofía estoica del que luego surgirán otras ramas: lógica, ética, metafísica, cosmología y una interesante psicología que llega hasta nuestros días y es la base de la moderna psicoterapia actual.

> Ha nacido para pocos el que se limita a pensar en la gente de su época.[3]

Séneca no es el filósofo más sabio ni el más original pero sí es el que más aplica la filosofía a la vida cotidiana, el que mejor entiende la psicología humana, el más libre e innovador en su pensamiento. Ese es el motivo de que haya causado y siga causando tanta fascinación a lo largo de los siglos.

Para llegar tan lejos, arranca de los orígenes del pensamiento antiguo. Aunque su filosofía es el estoicismo, que nace en el siglo III a.C., él conoce perfectamente las doctrinas de Platón y Aristóteles, y se remonta más allá: a los famosos siete sabios de Grecia, a Pitágoras y al *logos* de los presocráticos, es decir, al fundamento de la propia filosofía.

Aquellos siete sabios de Grecia pregonaban la moderación y el equilibrio. El poder del logos sobre el mito, la importancia del control de las pasiones. Esa es, en suma, la ideología de Séneca, tanto en la esfera individual como en la social, es decir, tanto en lo personal como en lo político.

Todo este caudal de pensamiento antiguo llegó a conocerlo en gran profundidad y lo estudió durante las diferentes etapas de su vida. Sus primeros profesores fueron Soción de Alejandría, Fabiano Papirio y Quinto Sextio Nigro. De este último tomó varias ideas que desarrolló posteriormente con un enfoque muy personal. La primera es que la filosofía, el conocimiento de los valores, de la ciencia y de lo humano, es la que muestra el verdadero camino hacia la felicidad. No sirven aquí formulaciones abstractas. Hay que hablar de forma asequible y clara para todos. La idea de felicidad será clave para el futuro del pensamiento occidental. Influirá en todas las épocas: durante el siglo II de forma más pura; más adelante tamizada por el cristianismo. Y su influencia pervivirá como veremos hasta el siglo XXI, en que ha revitalizado la psicología actual. La segunda idea que aprende de Sextio es el examen de conciencia, de gran importancia en la religión y psicología posterior.

De su maestro Soción de Alejandría aprendió el pitagorismo. Pitágoras fue en el siglo VI a.C. discípulo de Tales, uno de los primeros filósofos griegos y uno de los siete sabios de la Antigüedad. Tales de Mileto defendía la importancia de la moderación y el uso de la razón: dos pilares básicos en el pensamiento de Séneca y del estoicismo en general. Del pitagorismo adopta la idea de que todos los seres humanos estamos compuestos de los mismos elementos. En consecuencia, el filósofo cordobés acepta la confraternización de todos los seres humanos, que deben considerarse y tratarse como hermanos. Esto tendrá una importancia clave tanto en el cristianismo como en la filosofía laica de la Revolución francesa, que reivindica la fraternidad e igualdad, ideas que hoy son defendidas en todas las Constituciones de nuestros países democráticos.

3. *Sus precursores y algunos filósofos provocadores*

De su maestro Fabiano aprendió Séneca las ideas pitagóricas y cínicas. Los Cínicos eran una corriente filosófica contestataria y provocadora. Son los seguidores de aquel Diógenes que vivía en un tonel despreciando los convencionalismos sociales. Los Cínicos eran el ala radical del estoicismo, su extrema izquierda con tintes anarquistas. Buscaban vivir según la naturaleza y eran críticos feroces contra la sociedad y el sistema. Dicen que una vez Alejandro Magno encontró a Diógenes el Cínico y le dijo: «Pídeme lo que quieras». Así el conquistador del mundo demostraba su altivez disfrazada de generosidad. Hacía el papel de aquellos dioses que se presentan ante los humanos en todo su esplendor para concederles un deseo. Porque Alejandro, como todos los emperadores tiránicos que luego verá Roma, Calígula, Nerón, Domiciano o Cómodo, se creía un dios. Pues bien. Este fue el deseo de Diógenes. El filósofo le pidió que se apartara: le estaba tapando el Sol.

La anécdota demuestra una máxima tanto del cinismo como del estoicismo: las riquezas no son nada, no aportan felicidad al hombre. Vale más recibir las caricias de los rayos del Sol, un astro que sale para todos, que es gratis, como el aire. Porque las cosas importantes de la vida, a pesar de lo que piensen los nuevos y viejos Alejandros, ni se compran ni se venden.

Diógenes era un provocador. En una ocasión lo sorprendieron masturbándose en plena plaza pública de Atenas. Le recriminaron su actitud y lo insultaron. Él dijo que ojalá frotándose el estómago se le pasara el hambre. Esta actitud tan radical y cínica no la mostraría nunca un moderado y educado Séneca. Pero el filósofo cordobés si sabrá denunciar el abuso de los poderosos y la falta de solidaridad. Procurará convertir el Imperio en un instrumento de justicia social, idea que heredarán los Antoninos, emperadores en su mayoría procedentes de la Bética, como Séneca, y todos de ideología estoica como él. Precisamente, durante esta dinastía, se sentarán las bases de lo que algunos economistas actuales consideran el germen del Estado de bienestar. Tanto los estoicos como los cínicos de hace dos mil años pensaban que las verdaderas necesidades son pocas y fáciles de satisfacer: vestido, comida, recursos básicos para la supervivencia. Viven según la naturaleza, desprecian la riqueza y los convencionalismos sociales. Y son grandes críticos de la sociedad. Enseñan valores. Como en aquella ocasión en que Diógenes insistía en pedir limosna a una estatua. No tardaron en acercarse y reírse de él: «¿No te das cuenta de que estás pidiendo dinero a una estatua?», le dijeron. El respondió: «Claro que me doy cuenta. Me estoy acostumbrando a fracasar».

El mensaje es importante especialmente en una sociedad como la actual, en que nuestros hijos no aprenden a frustrarse, se maleducan cuando respondemos solícitos a todos sus caprichos o les damos siempre la razón por delante de sus propios padres o profesores. No aprenden a fracasar (no olvidemos que el fracaso es la antesala del éxito). Responden con violencia cuando se frustran. Les falta capacidad de aguante, paciencia, perseverancia o tenacidad. El sabio estoico y también emperador romano del s. II Marco Aurelio ya lo dijo claramente en tres palabras: «Edúcalos o súfrelos».

Diógenes, en cambio, prefería educar a sus conciudadanos antes que sufrirlos. Era un hombre muy tenaz y dicen que iba de un lado para otro alumbrándose con una lamparilla. «¿Qué haces», le preguntaban? «Busco un hombre honrado», respondía.

Y siguió buscando hombres honrados, políticos honestos, ciudadanos solidarios... Todavía hoy seguimos buscando este tipo de personas, como hacía Diógenes hace más de veintidós siglos.

Alejandro Magno no quiso vengarse del desprecio de Diógenes. Quizá, desde radicalismos enfrentados, el hombre todopoderoso, rey del mundo, vio en Diógenes a un hermano, que despreciaba la sociedad y los convencionalismos sociales tanto como él. Los extremos se tocan y siempre se han tocado.

Séneca, en cambio, no era un extremista. Alababa el rigor moral de los cínicos, pero no compartía su filosofía radical. Vivirá también conforme a la naturaleza, pero con moderación, con arreglo a las normas y las leyes, con interés por encontrar esos hombres sabios que lleven las riendas de la política. Porque la gran diferencia entre el estoicismo y las demás corrientes del momento como el epicureísmo, cinismo o escepticismo estriba en que la estoica es la única que considera un deber intervenir en política, participar del diseño de la sociedad y la convivencia.

Cínicos o epicúreos, al contrario, pensaban que no había que implicarse en la política, sino vivir al margen de la sociedad o en un individualismo que busque la felicidad personal fuera del sistema. Pero Séneca sabía, como luego dirá Marco Aurelio, que lo que no beneficia a la colmena no es bueno para la abeja[4]. Por eso, los estoicos nunca abandonarán la política ni su inquietud por mejorar la sociedad. Y ese es el motivo de que estudiaran oratoria y participaran en las luchas de poder. Por eso, el filósofo de Córdoba se convertirá en ministro del emperador Nerón y procurará durante toda su vida mejorar una sociedad que daba pasos agigantados hacia la tiranía, hacia ese endiosamiento que personaliza Alejandro Magno y que envidió el propio Julio César.

Quizá, también esa sea la causa de que Diógenes muriera tranquilamente en su tonel y, en cambio, Séneca fuera condenado a muerte. A Alejandro no le inquietó el desplante del Cínico. Son bonitas palabras de cara a la galería, sin peligro político alguno para él. Dejemos que a Diógenes le siga dando el Sol, pensaría Alejandro. El macedónico sabía que nunca le diría lo que, siglos después, Séneca sí se atrevió a decirle (y escribirle) a Nerón. Al final, son más molestos e incómodos los moderados como Séneca, que día a día hablan de la libertad, del buen gobierno, de la serenidad, de la dignidad de todos los seres humanos, de la necesidad de un gobernante sabio. Ese fue el objetivo del filósofo cordobés. Por eso quien quiera acusarlo de hipócrita y acomodaticio no debe olvidar cómo vivió y, sobre todo, cómo y por qué murió. Los extremistas como Diógenes se desacreditan por sí mismos o son fácilmente desacreditados. Llaman poderosamente la atención, pero les pierden las formas, el fanatismo o la agresividad. Son los populistas de hoy. En cambio, los estoicos como Séneca hablan desde la moderación y el sentido común. Sacuden las conciencias sin violencia. Son más efectivos. De hecho, para hundirlo, hubo que crear una potentísima campaña de desprestigio que ha permanecido viva hasta hoy.

De Átalo, el estoico que tenía cierta vena cínica, aprendió la vida sencilla, sin lujos. Y también la crítica hacia los poderosos. Es un maestro que tendrá gran importancia en su configuración intelectual y personal. Le aconsejará apreciar las buenas ideas que encuentre en otras corrientes de pensamiento. Le animará a no dejarse esclavizar y a despreciar las riquezas y el placer. Heterodoxia, libertad e independencia serán los valores que se vayan asentando en el joven Séneca y que intentará llevar a gala hasta el final de sus días.

Pero su pensamiento va más allá de la filosofía de su tiempo. Se centra, como buen estoico, en la ética y reacciona frente al pensamiento de Platón y Aristóteles. Este último pensaba que la felicidad está en la vida contemplativa, en la reflexión. Séneca, como buen romano, nunca dejará de tener los pies en el suelo. Para él la filosofía es además un modo de vida, no solo una forma de especulación teórica. El objetivo de la existencia consiste en alcanzar la sabiduría, como crecimiento interior y perfección intelectual a través de la razón y el dominio de los impulsos y pasiones. Ese será el verdadero camino hacia la felicidad.

4. Influencia de Séneca en la historia del pensamiento y en la política

Séneca supo, ya en vida, que su obra perviviría. Entendió también, al final de sus días, que estaba destinado a fracasar con Nerón. Durante más de dos decenios había logrado sobrevivir a Calígula y Claudio, mantener a raya la ambición de Agripina y limitar el despotismo de ese emperador matricida, que cabalgaba al galope hacia la tiranía. Pero ya en los albores de los años sesenta del primer siglo, sabe que su antiguo alumno se ha puesto en manos de los peores y busca su muerte; el déspota está harto de sus consejos, de su intervención, de la callada pero evidente oposición que muestra a su política demente, a sus crímenes. Séneca ha perdido toda influencia sobre él. Cualquier intento de torcer este rumbo tiránico era inútil. Decidió entonces marcharse de la corte, irse lejos, evidenciar que no quería ser cómplice de esa política nefasta. Nerón no le permitió esa salida. Lo retiene a la fuerza, pero el filósofo es un hombre escurridizo: pone excusas y se aparta del poder siempre que puede, evita por todos los medios aparecer en público, dice que está viejo y enfermo. Se dedica a buscar otro ámbito de actuación en que sí pueda ser útil, y piensa en el futuro: cree que, si fracasa ahora, quizá otras generaciones venideras escuchen sus palabras. Escribe, desde ese momento, para la posteridad. Y no busca la fama, como aquellos poetas ansiosos de eternidad, como aquel Horacio que fiado en sus versos decía: *non omnis moriar*, no moriré del todo[5]. Séneca no pretendía inmortalizar su nombre través de la poesía o de su obra, como de hecho ha conseguido. Lo que buscaba era ser de utilidad a los demás, a los que han de venir después. Y ese objetivo sí lo cumplió, pues ha llegado a ser muy útil para las generaciones futuras, que no han dejado de servirse de sus ideas para afrontar los problemas sociales, políticos, religiosos y humanos que llevan acosando a los seres humanos desde estos dos mil últimos años de historia.

> Me he apartado no tanto de la gente como de las ocupaciones, y en primer lugar de mis propias ocupaciones: me encargo ahora de los intereses de los hombres venideros. Para ellos escribo algunos libros que puedan servirles de provecho.[6]

Y así fue. La labor política de Séneca abrió una senda que ha servido de provecho a las generaciones siguientes, también a las del mundo de hoy. Es cierto que fracasó en su intento de equilibrar emocionalmente a un Nerón que cada vez se precipitaba más hacia el vicio y la tiranía. La personalidad controladora de la madre y los pésimos consejeros y amigos acabaron por malograr aquel sueño que tenía Séneca: ver en el trono a un emperador sabio. Pero aquel sueño se hará realidad casi un siglo después en la figura de Marco Aurelio, emperador y filósofo estoico.

La dinastía del siglo II, el Siglo de Oro del Imperio, llegará al poder treinta años después de la muerte de Séneca. Y desde el principio Nerva, Trajano y Adriano gobernaron con inteligencia. Todos ellos se inclinaban también hacia la ideología estoica: la búsqueda del bien común, el buen gobierno y el rechazo a la tiranía. Marco Aurelio supondrá el triunfo más evidente de aquella buena política. Al igual que Séneca, era estoico; ambos procedían de la actual provincia de Córdoba, coinciden en sus inquietudes políticas y su concepto de Estado, con la diferencia de que Séneca fue siempre un filósofo en torno al poder. Marco Aurelio será, en cambio, un filósofo en el poder. Podrá llevar a cabo un reinado que hoy sigue siendo modelo de buen gobierno y símbolo de aquel sueño de Platón plasmado en su *República*, «que los gobernantes se hagan filósofos o los filósofos se conviertan en gobernantes».[7] Con Marco Aurelio, por primera y única vez en la historia, un filósofo ocupaba el trono de Roma como emperador.

Séneca es responsable, en parte, de aquel tremendo éxito, de ese siglo II que Edward Gibbon definía como el momento más feliz de la humanidad. Durante aquella centuria, el estoicismo triunfó en la política de Roma, se había entronizado en el poder, había conseguido, como ya dijo Tácito, aunar principado y libertad. Gobiernan emperadores imbuidos del pensamiento político de Séneca, hombres que han leído su obra *De clementia*, que proceden de Hispania, como él. Las ideas del estoicismo en general y de Séneca en particular calarán hondo en la dinastía antonina y especialmente en Marco Aurelio, emperador y filósofo, considerado uno de los mejores gobernantes de la historia, espejo de príncipes, que, al contrario que Nerón, sí tuvo muy en cuenta la ideología filosófica y política del estoicismo.

Aquella excepcional centuria de la historia de Roma no tuvo continuidad en las siguientes. En los siglos III y IV d.C., la deriva política del Imperio girará hacia el autoritarismo. Tras el desastroso gobierno del último de los Antoninos, Lucio Aurelio Cómodo, Roma caminará ya hacia la decadencia. El Imperio caerá en el absolutismo y en la anarquía militar. Durante estos siglos, la influencia de Séneca ya no podrá sentirse en el mundo de la política, pero sí en el de la religión.

5. *Séneca y el cristianismo*

Ya a finales del Imperio y durante toda la Edad Media, Séneca va a convertirse en un gran referente ético. El cristianismo emergente lo asimiló muy pronto. Tertuliano, convertido a la fe de Cristo en 198, es el primero que lo hace suyo, definiéndolo como «*saepe noster*»,[8] es decir, «a menudo uno de los nuestros». Hay que pensar que el cristianismo nace dentro de un mundo en que el estoicismo es la corriente de pensamiento universal. La filosofía estoica es grecorromana, pero también ha calado en el judaísmo, en los ritos egipcios y en el mundo intelectual en general. Por eso, la nueva religión, que se hará oficial al final del Imperio romano, va construyendo su modelo de doctrina moral a partir de Séneca, asumiendo en muchos casos sus postulados. De hecho, ya los primeros intelectuales cristianos como Tertuliano (160-220), Minucio Félix (150-270), Cipriano (200-258) y Orígenes (184-253) habían fijado su mirada en la ética estoica y en particular en el filósofo de Córdoba. Sin ir más lejos, las pasiones negativas que Séneca analiza con detalle en su libro *De ira* se convertirán, de la mano de Orígenes, en los siete pecados capitales. Había una nueva religión que construir doctrinalmente, y al igual que los cristianos construyeron sus primeras iglesias a partir del material de cantera de las antiguas basílicas romanas también fueron edificando su moral gracias a las potentes ideas que le suministraba la cantera ética de Lucio Anneo Séneca.

El filósofo de Córdoba se convertirá en un puente entre la Antigüedad grecorromana y la nueva religión emergente. Pero, en honor a la verdad, hay que reconocer que las diferencias entre estoicismo y cristianismo son muchas y de profundo calado. El estoicismo es una filosofía que surge 300 años antes del nacimiento de Jesús. Sus pensadores aceptan unos y niegan otros la pervivencia del alma; creen en una especie de panteísmo en que la naturaleza equivale a Dios, un Dios que es material y que se identifica con las leyes inmutables y eternas de la naturaleza. Pero, a pesar de las grandes diferencias entre estoicismo y cristianismo, la nueva religión identificará esa razón universal y cósmica de los estoicos con el Dios cristiano y, en el lento tránsito que va desde la Roma pagana a la cristiana, Séneca irá adquiriendo a lo largo de estos siglos cada vez más importancia hasta convertirse en un modelo imprescindible de doctrina durante toda la Edad Media.

Siempre he sospechado que Séneca debe al cristianismo su supervivencia a través de los siglos, pero también la consolidación de su leyenda negra. Por un lado, fue el autor más respetado en la Edad Media, sus textos se copiaron y no se perdieron como ocurrió, por ejemplo, en el caso de Epicuro. Es evidente que el estoicismo servía a los intereses de la Iglesia. La doctrina de Séneca, idolatrada por los primeros cristianos, se siguió estudiando, copiando y preservando a lo largo de los siglos hasta que en el Renacimiento se rescatan y difunden los textos supervivientes de la literatura clásica. Quiero decir que, durante estos siglos en que se perdieron miles de obras clásicas, el cristianismo puso un celo extraordinario en preservar los escritos de Séneca. Y gracias a esa admiración gozamos hoy de un gran número de obras suyas que nos permiten conocerlo y aprovechar los tesoros de su sabiduría.

Pero la imagen que los cristianos difundieron de Séneca también pervivirá. A ellos les convenía presentarlo arrepentido, protocristiano, supuestamente bautizado en su lecho de muerte, como ocurrió con Constantino, el primer emperador cristiano.

Nerón fue, según la tradición, quien mató a San Pedro y San Pablo. Aquel tirano, del que cuentan que culpó a los cristianos del incendio de Roma y los envió al circo, *ad leones*, también fue quien condenó a muerte a Séneca. Y en ese aspecto, además de la coincidencia en las ideas, el filósofo cordobés compartía con los apóstoles y los primeros cristianos una misma muerte criminal a manos del tirano Nerón. Así las cosas, era fácil identificarlo como un mártir laico, casi cristiano, protocristiano, precursor al menos.

Los primeros y más influyentes intelectuales cristianos, como ocurrió con el propio San Agustín, fueron pecadores arrepentidos que un día decidieron aceptar a Cristo y renunciar al poder, al lujo o la lujuria. Muchos de ellos eran judíos o paganos convertidos a la nueva religión, como el propio San Pablo. Era muy útil para esos primeros cristianos identificar a Séneca, aquel modelo de virtud y doctrina, aquel héroe de la moral, como un hombre de pasado «pecador», que se arrepiente de haber servido a Nerón, a la bestia, para alcanzar, al final, una muerte heroica, como la que nos describe el historiador Tácito. Esa imagen de colaborador, de cortesano entregado al poder, que se arrepiente y muere como un mártir, encajaba perfectamente con el mensaje cristiano, con los modelos conocidos como San Agustín o San Pablo.

Por eso el cristianismo, además de salvar los textos de Séneca para la posteridad, también pudo contribuir a la extensión de su leyenda negra, redimida con su muerte heroica en un baño, lo que Lactancio (245-325) interpretó como un rito simbólico del bautismo. Hay que pensar que estos primeros escritores cristianos son antiguos paganos convertidos a la nueva religión. El propio Lactancio o Mario Victorino fueron importantes profesores de retórica paganos que facilitaron, tras su conversión, el trasvase de la cultura clásica al cristianismo primitivo, dando pautas intelectuales de primera magnitud a intelectuales posteriores como San Jerónimo y San Agustín, que en el siglo IV reivindicarán a Séneca como uno de los suyos. Y lo habrían convertido en santo o en padre de la iglesia, si no fuera porque muchas teorías del filósofo estoico eran imposibles de asimilar o transformar, pues chocaban frontalmente con el ideario de la nueva religión. A pesar de ello, nunca dejó de causar fascinación entre los primeros intelectuales cristianos; ejerce tal seducción que incluso llegaron a falsificar unas supuestas cartas entre San Pablo y él en la segunda mitad del s. IV., correspondencia que nunca existió en la realidad, pero que demuestra el interés del cristianismo por el filósofo de Córdoba.

Séneca se convierte en el autor más leído y conocido por los Padres de la Iglesia. Todas sus obras gozarán de gran éxito, hasta el punto de que sus primeros libros de consolaciones (*Ad Helviam, Ad Marciam, Ad Polibium*) se convertirán en devocionarios cristianos que se leerán durante la Baja Edad Media y el Primer Renacimiento. Su importancia fue tan grande en esta época que, en pleno siglo XIII, se incluye una biografía suya en *La leyenda de oro*, uno de los libros más divulgados aquella centuria, un auténtico superventas de la época donde aparecen vidas de santos famosos. En ella ocupa un lugar eminente el pagano Séneca, precisamente por su asociación con San Pablo y aquella falsa correspondencia de la que hablábamos antes.

Es posible que, ya desde Tertuliano y Lactancio, que iniciaron el camino de la asimilación del filósofo de Córdoba al cristianismo, se comenzara a difundir la imagen de ese Séneca arrepentido y filocristiano. Sin duda, también San Agustín, que conoció muy bien su pensamiento, debió de interpretar la vida del filósofo según su propia experiencia pecadora. Hablamos de ese Agustín inmoral y mujeriego, negador de las verdades de la fe, que después, como Pablo caído del caballo, ve por fin la luz de Cristo y se convierte definitivamente. Hay que pensar que, en los primeros siglos del cristianismo, hubo un gran número de judíos, romanos y gentiles que se convirtieron a la nueva religión. Por eso, debió de resultar muy útil divulgar la imagen de ese Séneca pecador, colaborador de Nerón, corrupto durante su vida política, que, al final, en el momento de su muerte, se bautiza y redime sus pecados, igual que Cristo en la cruz redime a toda la humanidad.

Pero la realidad es que Séneca no fue un político corrupto ni apoyó nunca la tiranía. Colaboró con Agripina y ayudó a colocar en el trono a un Nerón menor de edad que era su discípulo y que él confiaba en poder educar como un buen gobernante. No obstante, las intrigas de palacio, la ambición de Agripina y el carácter despótico del propio pupilo impidieron que aquellas lecciones esmeradas llegaran a buen puerto. Entonces quiso retirarse del poder, denunciar la tiranía, seguir defendiendo las libertades y la ética en el gobierno. El filósofo cordobés se apartó de la corte y fue condenado por Nerón, que lo matará a él, a su sobrino Lucano y a todos sus hermanos. Séneca murió como vivió, heroicamente, en coherencia siempre con sus ideas, aunque el cristianismo lo salvará del olvido y, a la vez, lo presentará como un mártir arrepentido de su vida pecadora.

6. *Un nuevo concepto de felicidad*

Esta asimilación de Séneca al cristianismo tuvo una repercusión trascendental en el concepto de felicidad. La nueva religión introdujo una idea que lo cambió todo: la esperanza de salvación. A partir de ahora, la felicidad consistirá precisamente en redimir aquel pecado original que nos permita reconciliarnos con Dios en una beatitud eterna. Esos elementos nuevos, el pecado original y la conciencia de culpa, transformaron la idea de felicidad, dotándola de unos elementos que antes no existían. Y su extensión en estos últimos dos mil años hizo más difícil para las generaciones posteriores entender el planteamiento que de ella tiene Séneca, libre de esas ideas que son posteriores a él. Es decir, durante toda la Edad Media y en los siglos posteriores, el concepto de pecado y mala conciencia cristianos desvirtuarán la idea de felicidad estoica. La harán más difícil de entender con el filtro del cristianismo. Y esa dificultad se observa en muchísimos filósofos posteriores a Agustín de Hipona, donde se aprecia cómo el concepto cambia radicalmente. Y la transformación se produce incluso en la propia palabra que designa «felicidad» en latín. Cuando Séneca escribió sobre este tema, lo hizo en su libro *De vita beata*, que significa *Sobre la vida feliz.* Ahora, con el cristianismo, la vida beata, la *vita beata* de Séneca, no es ya la felicidad estoica, sino la de los santos, la beatitud, el gozo eterno en compañía de Dios. Hasta el extremo de que hoy los términos beato y beata, beatífico o beatitud, aluden a la santidad, no a la felicidad en sí.

El concepto de salvación transformó todo lo que significaba la *vita beata* en el mundo pagano, hasta el extremo de que, a partir de ahora, habrá que buscar otra palabra para designar la felicidad, y se recurrirá a *felicitas*, término que en latín significaba «buena suerte, estado en que se es afortunado». Eso sí. Hay un importante matiz que comparten ambas interpretaciones de la felicidad: en ningún caso se trata de un estado momentáneo del alma; no es una sensación provisional de satisfacción o placer. Se entiende como un punto de llegada, un objetivo alcanzado después de un camino de esfuerzo; es una situación completa y perfecta, acabada y definitiva. Pero se trata de dos modelos de pensamiento muy diferentes entre sí: para un cristiano la felicidad no se entiende sin el objetivo y el deseo de salvación; para Séneca consiste en la construcción de uno mismo, hasta alcanzar un estatus que nos sitúa a la misma altura que los dioses inmortales. Y, según el estoicismo, todo eso ocurre aquí, en el mundo en que vivimos, desde la materia, sin afán ninguno de trascendencia. Esa es la radical diferencia entre ambos conceptos de felicidad.

Para el mundo pagano nada había que salvar ni redimir. El estoico entiende que el mal existe desde el principio, igual que la materia. No hay, por tanto, pecado original; el mundo es como es: un todo ordenado y perfecto donde se integra nuestro ser y nuestra razón, que pertenecen, como parte infinitesimal, a esa alma cósmica y universal que constituye la naturaleza divina. Un científico de hoy lo diría, de forma simbólica, con las mismas palabras que emplea el famoso divulgador Carl Sagan, cuando afirma que somos «polvo de estrellas», es decir, que estamos compuestos de los mismos átomos y partículas elementales que el resto del Universo. De un modo análogo, los estoicos defienden que nuestra razón es parte de esa naturaleza «divina» que funciona como una máquina perfecta. La felicidad consiste, por tanto, en hacer caso a esa razón humana que todos compartimos, elegir en libertad y sin presiones, sin empujes de las pasiones ni de quienes quieren controlarlas fomentando en los demás el deseo de riquezas o el miedo a los dioses y a la muerte. Por eso, desde la perspectiva de la felicidad senequista, el concepto de pecado y la mala conciencia hacen infelices a muchos y equivocan el camino hacia la verdadera felicidad.

Para un estoico, llegar a ser feliz no consiste en alcanzar un instante de gozo, un momento de bienestar, un golpe de suerte o encontrarse puntualmente satisfecho y contento. No es ni puede ser una sensación efímera. La felicidad es un estado intelectual que se alcanza con esfuerzo, que se obtiene a través de la sabiduría y la libertad. Si llegamos a ese punto, estaremos más cerca del concepto de divinidad en Séneca, porque cada ser humano tiene en sí una chispa material que es divina, su razón, su capacidad de sopesar determinadas decisiones y adoptarlas en función de nuestra libertad, sin permitir que nos arrastren las emociones o el instinto. Y esa razón, exclusiva del ser humano y que no existe en otros animales, debe ser guía y gobernante de nuestras acciones, pues se concibe como parte de la divinidad, que es la naturaleza y el cosmos. En la vida hay que esforzarse, por tanto, en aprender a someterse a la razón, a tomar las decisiones de nuestra vida de forma autónoma y con juicio crítico. Esa potenciación de la razón humana, de la que todos estamos dotados, permite dar voz a lo que hay de divino en nuestro interior. Ese es el concepto de dios estoico, que es material, una especie de mente ordenadora del universo que hace que todo funcione como un reloj.

En ese sentido, la filosofía de Séneca permite una identificación con otras formas de entender la divinidad al no hablar de un dios trascendente y superior, sino de dios como alma de la naturaleza, como universo cósmico, corpóreo y perfecto, motor de toda la realidad. Y ese enfoque puede constituir un puente de encuentro, un acuerdo de mínimos entre religión y laicismo, pues, en este aspecto, la espiritualidad de un agnóstico puede estar a igual distancia de Séneca que la fe de un devoto. De ahí la importancia y actualidad que tienen sus ideas en el mundo de hoy. Y de ahí lo necesario que sigue siendo su pensamiento, pues proclama una filosofía donde se puede instalar por igual el creyente como el no creyente. También el ciudadano de izquierdas o de derechas. Ambos pueden coincidir en un Séneca que es anterior a esa dicotomía, muy marcada en el mundo crispado y maniqueo de hoy, pero que no entraña diferencias insalvables. Este intelectual puede llegar a ser un puente de encuentro que conecte esas orillas contrarias de la religión y la política, pues comparte una y otra, y sobre ambas se extiende. De ahí la universalidad y actualidad de su pensamiento para el siglo XXI, tan necesitado de cultura, humanidad, respeto, solidaridad y libertad: Séneca sigue gozando de buena salud y puede convertirse en un nexo de unión para los hombres del futuro.

PARTE II.
SÉNECA Y EL CAMINO HACIA LA FELICIDAD

1. *¿Qué es la felicidad?*

Para hablar de un concepto tan complejo, se hace imprescindible una tarea previa: delimitarlo, es decir, aclarar qué es, en qué consiste, qué entendemos por felicidad.

Posiblemente Séneca, comenzaría diciendo que hoy nos venden un camino falso hacia la felicidad. En este primer cuarto del siglo XXI, el concepto parece estar más cerca de lo material; la felicidad suele identificarse con el bienestar personal, con la satisfacción de nuestros deseos, con la posibilidad de llevar un ritmo de vida, de moda, producción, consumo, dinero, juventud, comodidad, éxito, reconocimiento en redes sociales, etc. En cambio, después de sacrificar nuestros años en la persecución de todo esto, los índices de tristeza, depresión, angustia, neurosis y suicidios son cada vez más elevados.[9] ¿Será, como decía Séneca, que estamos equivocando el camino hacia la felicidad? No por falta de medios materiales: en nuestro siglo, hemos mitigado el dolor físico, prolongado la juventud, mejorado la calidad de vida, conservado durante más tiempo la belleza, progresado técnicamente e incluso dominado a la naturaleza hasta el extremo de amenazar con destruir su equilibrio y nuestra propia supervivencia. Nos creemos casi dioses, pero el consumo nos deja insatisfechos; el dolor y la muerte nos asustan más que en época de Séneca; los miedos nos acosan día a día, los deseos nos desbordan. Muchas personas, cuando se confiesan tremendamente felices, están engañando, distorsionando la realidad, como casi todos hacen hoy en las redes sociales. Cuando algunos suben fotos con sonrisas plenas, *postureando*, como se dice ahora en el argot moderno, lo que hacen es disimular una carencia absoluta de cultura, humanidad, amor, equilibrio mental o emocional: claves de la verdadera felicidad. Y para sofocar estas carencias y este abrumador sentimiento de frustración, en la soledad de nuestras casas, lejos de la mirada omnímoda de las redes sociales, si acaso, leemos propuestas que nos prometen la felicidad de forma rápida y sin esfuerzo. Se publican continuamente este tipo de obras, cargadas de tópicos, de recetas o de halagos a nuestro ego, pero que tampoco nos sirven de ayuda, porque fomentan nuestro egoísmo y anulan nuestra capacidad de interactuar con los demás. No sirven para transformar el mundo injusto en que vivimos. Esos libros nos hacen pensar solo en nosotros y no en el resto de los seres humanos. Y el egoísmo es también destructivo, porque somos seres sociales que encontramos nuestra plenitud cooperando con las demás personas. En los últimos siglos, las ideas de Séneca y algunas de sus frases más célebres han sido parafraseadas en los modernos libros de autoayuda, pero vaciadas de su verdadero sentido, amputadas o tergiversadas, con una enorme diferencia de matiz y calidad con respecto al original. Frente a estos libros que abundan en la exaltación del yo para poder afrontar la adversidad y las agresiones de la vida, Séneca propone una visión más solidaria y humana, más laboriosa, pero también más sensata y liberadora, de mucha más fuerza psicológica, pero también de mucha mayor exigencia moral.

Nuestra sociedad competitiva y egoísta fomenta también la envidia, otra de las grandes fuentes de infelicidad y estupidez. La envidia camina de la mano de la competitividad e insolidaridad. Se practica hoy más que nunca, y se sufre en todos los órdenes de la vida, multiplicada por las todopoderosas redes sociales y medios de comunicación. Es una pasión irracional que nadie puede satisfacer por completo, un vicio destructivo del alma, que diría Séneca. Incluso aunque gocemos de un éxito absoluto, la envidia no tiene fin. No sacia. Nunca basta. Aunque la suerte o el esfuerzo nos doten de bienes impensables, siempre habrá alguien con más éxito que nosotros, o lo habrá habido en el pasado, o lo habrá después de ese momento álgido, cuando el paso del tiempo, la vejez, el azar o la muerte nos vayan colocando a cada uno en nuestro sitio. La envidia es un sentimiento absurdo, fuente de infelicidad y desgracia, más aún hoy que en otros momentos de la historia. ¿Y por qué es ahora incluso más dañina que en tiempos de Séneca? Por la extraordinaria capacidad de difusión que ha alcanzado en nuestra época.

Siempre han existido la envidia, la ambición, el egoísmo y todas esas pasiones devastadoras que no son otra cosa que ideas irracionales que nos hacen infelices. Pero ahora es más fácil equivocar el camino que en tiempos de Séneca. El mundo tecnológico en que vivimos, la inmediatez de la información y la rapidez de la comunicación digital son elementos que podrían hacernos más felices, pero que, equivocado el camino, pueden también contribuir a nuestra infelicidad en mayor grado. La envidia es uno de los sentimientos más destructivos y su velocidad de propagación con los medios modernos es asombrosa. En la Antigüedad, las personas también caían en este vicio; pero su radio de acción era más limitado: podían envidiar a sus vecinos, a la gente que se movía en su entorno cercano o, todo lo más, a aquellos de quienes podían tener noticia a través del relato de los viajeros que pasaban por los lugares donde desarrollaban su vida. La información, en aquellos tiempos, llegaba escasa y muy tarde, comparada con los parámetros actuales. No era fácil tener conocimiento del éxito de muchos personajes lejanos en un mundo en que aún no había medios de transporte como los actuales ni plataformas de información tan potentes como las de hoy, que permiten que sepamos en pocos segundos lo que ocurre en la otra parte del mundo. Ahora la envidia encuentra un mejor caldo de cultivo en los medios de comunicación de masas, internet, televisión o redes sociales. Y por si fuera poco, todos contribuimos a esta catástrofe. Muchas personas ponen más empeño en subir a las redes imágenes y comentarios sobre sus viajes, sus comidas o los espectáculos a los que asisten que en disfrutar verdaderamente de ellos o hacer que otros los disfruten. La propia frustración que anida en nosotros, espoleada por la envidia, nos impulsa a mostrar maravillas con las que provocarla también en los demás. Y nos convertimos en factor de transmisión de ese sentimiento destructivo, en vectores de contagio de ese virus letal para la felicidad que es sentir y hacer sentir envidia a otros. No solo conseguimos ser infelices, sino que, a su vez, promovemos en los demás la infelicidad. Equivocamos el camino, diría Séneca, y contribuimos a que otros lo equivoquen también, apoyados por la tremenda capacidad de difusión de los medios tecnológicos actuales. La fuerza de la propaganda en pleno siglo XXI es terrible y la pobre educación emocional y moral que recibimos desde niños tiende a fomentar aún más la envidia, cuando, por ejemplo, los medios nos muestran la vida de los ricos, que se fotografían en las revistas y enseñan sin pudor sus suntuosas casas y su ritmo de vida millonario. Eso incrementa nuestra frustración y la envidia, y nos prepara para sembrar en nuestra mente, desde niños, la semilla de la infelicidad. Resulta luego muy difícil entender, con el paso del tiempo, que aquellas personas presumiblemente felices puede que no lo sean tanto, que yo no necesito vivir en ese palacio para ser feliz, que quizá ellos, en el ansia por conseguir o preservar esa indecente riqueza, se han dejado en el camino de la vida lo más importante: amor, hijos, amistad… Es muy difícil ver que, quizás, esos ídolos tienen pies de barro, que son esclavos de su riqueza, del protocolo, de sus obligaciones, del aparentar. Se necesita mucha sabiduría para acabar viendo a aquellos personajes de «éxito» como seres de cartón piedra o maniquíes que solo fomentan la infelicidad en los demás disimulando la suya propia a través de la ostentación y el glamour.

Cada cultura, época y sociedad ha tenido, por tanto, una idea diferente de la felicidad. Hemos visto que, durante la Edad Media y los siglos en que la religión poseía un lugar de preeminencia en la configuración social, el concepto estaba ligado a la idea de Dios y a la salvación eterna. Después, durante el Renacimiento, surgió un feroz individualismo que aún posee mucha fuerza en el imaginario actual. A partir de esa época y especialmente tras la llegada de la Revolución Industrial, nuestras sociedades identificaron la felicidad con la posesión de dinero, salud, amor y libertad. Pero también es cierto que hay personas que tienen todo eso y no son felices. Por el contrario, también se puede ser feliz incluso en circunstancias difíciles, como demostraron los estoicos.

Algunos filósofos actuales hablan de una felicidad apolínea y otra dionisiaca. La apolínea estaría relacionada con la serenidad y el equilibrio espiritual. La dionisiaca busca el placer y la pasión por encima de todo. Es un maniqueísmo que a Séneca le daría risa. Él sabe cómo disfrutar de «ambas felicidades» sin que sean excluyentes entre sí, sin ser esclavo del placer sino inteligente usuario del mismo, como dice en sus escritos. Porque uno de los grandes problemas que nos hace infelices es el descontrol de nuestros deseos y emociones.[10]

El ser humano siempre quiere más. Esa es la base de su éxito y también de su condena. El hombre no se resigna a ser uno más de los seres vivos que habitan este planeta. Está dotado de una inteligencia muy superior a la del resto de los animales y eso le infunde una necesidad y un deseo: la necesidad de reflexionar para construirse a sí mismo y el deseo de levantar el edificio de su propia felicidad. Pero todo en la vida es cuestión de equilibrio e inteligencia. No se puede tener salud si los niveles físicos de nuestro cuerpo se descquilibran, si la tensión se eleva por las nubes, el colesterol o los triglicéridos se decuplican de repente. Si no hay un equilibrio físico, podemos perder la salud y la vida. Pues bien, si no hay un equilibrio emocional e intelectual, también podremos perder la construcción de nuestra propia felicidad. Porque la felicidad no es un bien que se nos da de serie: es un proceso de construcción personal, una conquista sobre nosotros mismos, *vincit qui se vincit*, vence quien se vence. Aspirar a ser feliz requiere inteligencia y autocontrol. Además, exige un impulso sobre el mundo y la sociedad, sobre nuestras relaciones con otras personas.

Esa es la idea central de Séneca acerca de la felicidad: es un proceso, un esfuerzo de construcción de uno mismo donde no hay que equivocar el camino, donde hay que equilibrar deseos y miedos, donde son necesarias la sabiduría y la libertad.

2. Felicidad y naturaleza

Según Séneca, para aspirar a la felicidad, el ser humano debe «seguir a la naturaleza», amoldarse a ella, adaptarse a sus leyes y su esencia. Pero, ¿qué significa «seguir a la naturaleza»? El filósofo de Córdoba no se refiere a la moderna ecología, ni a las plantas ni al planeta, ni a nada tan concreto, sino a algo mucho más general: a la propia naturaleza del cosmos y a la del ser humano, que comparten un elemento común: la Razón, entendida como inteligencia y sabiduría. Esa es la verdadera naturaleza para un estoico: la del Universo, como principio rector del orden y el movimiento del cosmos, y también la del ser humano, cuya razón es parte de ese principio. Seguir a la naturaleza y, lo que es lo mismo, a nuestra naturaleza, supone alcanzar la felicidad a través de la sabiduría. Pero, antes de seguir, hay que aclarar en qué consiste esa sabiduría, razón o inteligencia en el estoicismo. No se trata en ningún caso de catalogarse como superdotado o talentoso ni de sumar títulos universitarios: para llegar a la sabiduría y a la felicidad basta con saber distinguir cabalmente entre la estupidez y la inteligencia. Dice Marco Aurelio:

> Todos los días, al despuntar la aurora, es posible que te encuentres con una persona indiscreta, una ingrata, una insolente, con un mentiroso, un envidioso o alguien asocial. Todos ellos tienen algo en común: no saben distinguir lo inteligente de lo estúpido.[11]

Mis años y mis lecturas me han enseñado, como al emperador filósofo, que lo inteligente es el bien y lo estúpido el mal. Esa distinción ética entre el bien y el mal, que hoy aparece difuminada y relativizada en un mundo tan materialista y escéptico como el nuestro, es más fácil de hacer de lo que parece: el bien es la inteligencia; el mal la estupidez. Muchas personas prefieren el mal, vivir en la ignorancia, despreciar la razón. *Pero la naturaleza de esos estúpidos y egoístas* —volverá a decir Marco Aurelio[12]— *es humana, como la mía, y en eso somos iguales. Por eso no debo enfadarme con mis congéneres ni odiarlos, porque elijan, conscientemente o no, el camino de la estupidez. Los seres humanos somos todos miembros de un mismo cuerpo y hemos nacido para colaborar, al igual que los pies, las manos, los párpados, las hileras de dientes, superiores e inferiores. Obrar, pues, como adversarios los unos contra los otros es opuesto a nuestra naturaleza racional.* El emperador filósofo, como Séneca y todos los estoicos, nos dice que lo inteligente es obedecer a nuestra naturaleza racional, es decir, colaborar entre nosotros, no pelear.

En el estoicismo, la inteligencia no consiste en acumular títulos académicos ni en hablar seis idiomas. Un analfabeto puede ser más inteligente que un catedrático. La inteligencia consiste en usar la razón con generosidad y vistas al bien común. Consiste en entender que de nada sirve la experiencia y el conocimiento, si no nos hace mejores personas, con valores, con capacidad para respetar a los demás, tolerantes y sensatos, sin que nos zarandeen los impulsos instintivos. Entender que *todo lo que soy* —como vuelve a decir el emperador filósofo— *es un poco de carne, un breve hálito vital, y la inteligencia que me habita... No dejes que en la vida te zarandeen como una marioneta por dejarte llevar por instintos egoístas.*[13]

Lo vuelve a aclarar más adelante. En la vida hay que conducirse con inteligencia, con la razón por delante, que es nuestra chispa divina. El dueño interior debe ser nuestra inteligencia, siempre de acuerdo con la naturaleza, que es divina y racional.[14]

La inteligencia solo aparece en nosotros cuando conseguimos incorporar a nuestro ser todo lo que vivimos o aprendemos, transformándolo en valores que nos hagan mejores. No basta con saber que Colón descubrió América en 1492. Conocer ese dato no me hace mejor persona ni más inteligente. Si lo que vivimos y aprendemos no cala en nuestro interior, no nos hace más comprensivos, tolerantes o respetuosos hacia los demás, eso no nutrirá nuestra inteligencia, no nos hará mejores, aunque acumulemos doctorados. Por eso, Séneca decía que lo que no se aprende de joven se ignora de viejo. El mero paso de los años no nos hace inteligentes o sabios, si no ha conseguido desarrollar valores dentro de nosotros, si no hemos entendido que el egoísmo, el materialismo, el odio, la revancha o el ansia de poder nos llevarán siempre al fracaso y la estupidez.

Para ese fin, que es la autoconstrucción de nuestra personalidad, es para lo que hay que usar la razón y mantener un equilibrio mental y espiritual que nos haga inmunes a los azares de la fortuna (o, al menos, resistentes). De esa forma se consigue el dominio de los deseos instintivos y de los impulsos irracionales que anulan la libertad. Porque la libertad, como es evidente, no consiste en hacer lo que a uno le venga en gana. Esa es la libertad del tirano, que no se preocupa del daño o perjuicio que pueda provocar en los demás. Esa es la libertad del déspota, a quien solo le mueve su propio egoísmo y capricho. En el estoicismo, el tirano es el prototipo del estúpido: no podrá alcanzar nunca la inteligencia, la sabiduría o la felicidad.

Según Séneca, la libertad consiste en alcanzar un dominio de la razón y los sentimientos a través de lo que él llamaba *tranquilidad del espíritu*. Este concepto es original en el filósofo y no solo consiste en la imperturbabilidad del ánimo para hacer frente a la adversidad, sino en la participación social y política a través de la acción. Acción y reflexión deben ser la tarea del sabio, que ha de regirse siempre por esa estabilidad, tranquilidad y ecuanimidad del espíritu. El instrumento de la felicidad sería, por tanto, la razón, y el método para alcanzarla no es otro que la serenidad y perseverancia en ese entrenamiento hasta alcanzar la sabiduría, que se identifica con la virtud.

La moral senequista busca dominar todos los deseos desordenados, caóticos e impulsivos, especialmente la ira. El sabio debe mostrarse siempre sereno y sin miedo. No se dejará llevar por pasiones ni sentimientos instantáneos, aunque eso no quiere decir que sea insensible. Se dolerá, pero sabrá afrontar la adversidad.

Esta es una propuesta de vida que exige, desde luego, inteligencia y valentía ante un mundo muchas veces hostil. Requiere sentido crítico y esfuerzo, tanto o más entonces como ahora, en pleno siglo XXI, donde las nuevas tecnologías no parecen contribuir a la liberación del hombre sino a su esclavitud. De nada sirve poseer una información casi ilimitada sobre la palma de nuestra mano, si no tenemos sensatez para diferenciar los bulos a que nos somete continuamente internet. De nada sirve tanta información sin un espíritu crítico, sin una personalidad ética, sin un rumbo claro, porque Séneca decía que no hay peor nave que la que no sabe hacia dónde navegar.

Y hoy navegamos por internet dando tumbos, sin un objetivo concreto, sin preservar nuestra dignidad o nuestra intimidad. El hombre de este primer cuarto del siglo XXI se ve impelido a desnudarse en internet, como los sátiros con gabardina se desnudaban para llamar la atención. Solo que hoy el desnudo es el de nuestra intimidad. Las redes sociales nos vuelven hiperactivos e indiscretos, todo vale para conseguir *likes* o el reconocimiento de los demás.[15] Nos vemos empujados a desvelar nuestros sentimientos, opiniones, ideas políticas, de un modo incluso enfermizo, violento, agresivo, crispado. Falta reflexión, moderación, gusto por la cultura y el disfrute racional y sensato, sin los cuales no es posible la felicidad.

En tiempos de Séneca, ante la agresión de Nerón y sus secuaces, de los poderes políticos o económicos, el filósofo se refugió en su propia interioridad. Todo lo bueno que poseo va conmigo, dice, no porque le quepa en los bolsillos todo el dinero que tenga, sino porque su persona es lo más valioso, y sus valores nunca se los podrán robar. Ese aprecio por el ser humano, que se va construyendo poco a poco hacia la sabiduría y la libertad, es lo que nos permite una postura heroica ante la adversidad. El camino que propone Séneca enseña a resistir y despreciar los dolores, la miseria y la muerte. Por eso su filosofía es una guía muy poderosa para tiempos de crisis. Hace un claro llamamiento al valor, a la lucha y a la resistencia. Seguir este camino requiere voluntad y esfuerzo. Eso también se entrena.

Algunos, al haber visto las palabras *voluntad* y *esfuerzo*, dejarán de leer. Así debe ser. Nadie está obligado a mostrar ese empeño para alcanzar la sabiduría, la libertad o la felicidad. Es una elección personal que cada uno ha de tomar. Pero no nos quejemos después de la vida, de la sociedad, del Estado, de la insolidaridad humana, de la dificultad de ser feliz en el mundo de hoy, si no estamos dispuestos a hacer ese esfuerzo.

Las encuestas que se publican en la actualidad sobre los índices de felicidad en nuestro país son muy satisfactorias. Nos llenan de ilusión y autocomplacencia. Una abrumadora mayoría de personas encuestadas dice que son felices. ¡Magnífico! Además, a tiempo completo. Me alegro. Pero no sé entonces por qué cada vez hay más depresión, ansiedad, estrés y desilusión en las sociedades modernas. Nos proclamamos felices, pero, sin ir más lejos, nuestro país está a la cabeza del consumo de somníferos y ansiolíticos. La salud mental se ha convertido en un verdadero problema, destapado y agravado por la pandemia y la crisis. Los índices de suicidio son alarmantes. Y, mientras, la frustración crece al mismo ritmo que la venta de esos libros de autoayuda de los que hablábamos antes. Pero decíamos que no sirven. Séneca nunca habría escrito un libro de autoayuda. Su filosofía es a la medicina tradicional lo que la homeopatía a ese tipo de publicaciones que pretenden resolver los problemas de depresión inflando nuestro ego. Séneca no quiere vendernos nada. No pretende ser simpático.

No nos alabaría para quedar bien o vender libros. Eso sería un mero efecto placebo. Él va al centro de la enfermedad. Pretende despertar nuestra conciencia y nuestra capacidad de lucha. Quiere concienciarnos de la necesidad de sentirnos humanos y libres en un mundo opresivo y egoísta. Para eso escribió sus *Cartas a Lucilio*, pensando en los hombres de su tiempo, pero también en los del futuro. Redactó estos pensamientos durante los dos últimos años de su vida, cuando sabía que Nerón buscaba su muerte. De hecho, el déspota intentó primero envenenarlo y, dos años después, lo condenó a morir. Por eso, desde que el filósofo comenzó a escribir sus cartas, ya se sabía acosado por el poder, perseguido por la tiranía. Estaba convencido de que la muerte estaba a las puertas. Y comenzó a redactar aquel libro, que la condena de Nerón dejó inconcluso, sabiendo que sería su obra póstuma. Por aquella época ya se había retirado de la corte, pero no dejaba de actuar, ahora escribiendo, porque quería transmitir su testimonio vital e intelectual. En estos últimos años, su palabra y su pensamiento estaban destinados a los hombres del futuro:

> Me he apartado no sólo de los hombres, sino de los negocios y principalmente de mis negocios: me ocupo de los hombres del futuro. Redacto algunas ideas que les puedan ser útiles; les dirijo por escrito consejos saludables.[16]

Y llevaba razón: los hombres del futuro, es decir, los de hoy, los del siglo XXI, podemos y debemos servirnos de la experiencia y humanidad de aquel sabio cordobés. De hecho, los pensadores de los últimos dos mil años lo han tenido muy en cuenta, más de lo que parece.

3. El concepto de felicidad senequista en los últimos dos mil años

a) El placer y la irracionalidad. De Epicuro a Nietzsche

Hemos visto que, cuando Séneca habla de la felicidad, no usa ese sustantivo abstracto, *felicitas*, de donde procede el término español. Tampoco usa la palabra *eudaimonía*, que emplearon los primeros filósofos griegos como Tales de Mileto, Demócrito o Aristipo, luego Platón y Aristóteles. Cuando Séneca quiere hablar de la felicidad, lo hace en un libro monográfico que titula *De vita beata*, es decir, sobre la vida feliz. La felicidad no es, para él, un término aislado, sino que va unido a la propia vida, al discurrir vital, al viaje que supone nuestra existencia, al enriquecimiento personal y a la construcción de nosotros mismos. El filósofo de Córdoba no habla de la felicidad en sí, sino de una vida feliz. El matiz es importante, porque nos acerca a la realidad conceptos de la filosofía que en otros casos, como en Platón, se encontraban en el mundo etéreo de las ideas, en sistemas teóricos y abstractos, en lugares alejados del propio corazón del ser humano. En este aspecto, Séneca supera en pragmatismo a todos sus antecesores, porque da las claves para una vida feliz, sin teoremas ni abstracciones, tal como es su filosofía: una forma práctica de conducirse en la vida.

Pero el pensador de Córdoba era un hombre que había leído y asimilado a todos los grandes intelectuales que le precedieron. Y de esa tradición parte su pensamiento a la hora de hablarnos de una vida feliz. Los primeros filósofos griegos identificaron la felicidad con el placer, la salud y el equilibrio personal y emocional. Es Platón quien añade una idea que será clave para la evolución del concepto: la búsqueda del mero placer no trae la felicidad. Aristóteles añadirá, siguiendo la línea platónica, que los bienes materiales no bastan, siendo más importantes para una vida feliz los espirituales, es decir, lo que él llamará en griego *areté* y Séneca *virtud*, palabra que tiene relación con la valentía que hay que emplear para dejarse llevar por la razón antes que por la pasión, pues procede del latín *vir*, hombre, relacionada con nuestros términos viril o virilidad, y que hace referencia al guerrero que muestra *virtus* en el combate, es decir, valor, valentía, esfuerzo, que son traducciones muy comunes de este término latino antes de que el lenguaje moral lo tiñera de las connotaciones que hoy tiene la palabra *virtud*.

Virtud y placer serán, pues, las dos grandes columnas sobre las que los filósofos de tiempos de Séneca edificarán la idea de felicidad. Los epicúreos optarán por el placer; los estoicos por la virtud, entendida como uso de la razón, de la inteligencia y de nuestra capacidad de elegir libremente a través de nuestro pensamiento. Séneca marca un punto de inflexión en la evolución del concepto, plasmando unas ideas de las que se han servido todos los filósofos posteriores, que no han logrado exponer, en mi opinión, un matiz más completo y humano que el senequista, porque, a diferencia de los estoicos que le precedieron, el de Córdoba supo asimilar las teorías epicúreas y pretendió integrarlas en su propia visión de la felicidad.

Los estoicos ortodoxos habían declarado la guerra al placer y por ello se oponían frontalmente a los epicúreos. Pero Séneca adopta una postura más ecléctica, más heterodoxa, más integradora. Acepta de ellos la importancia del placer, pero siempre subordinado a la razón. El propio Epicuro no era un pensador radical, sino que defendía la moderación, el equilibrio, la sobriedad y la templanza como vías para alcanzar la felicidad. En ese punto, estoicos y epicúreos pueden coincidir. Y ese nexo de unión en la moderación es el camino que toma Séneca, que llegará a utilizar las máximas de Epicuro para incorporarlas a su doctrina, solo que ahora será la razón la que mande, no el placer.

Por otro lado, los epicúreos se oponen al mundo metafísico de las ideas de Platón, al afirmar que la única realidad es la terrenal. Séneca coincide con esta visión material del mundo, pero reivindica la preeminencia de lo espiritual sobre lo corporal. Sus ideas sobre la Providencia, Dios o el Destino así lo avalan. Estos conceptos pueden parecer a primera vista complejos, pero Séneca tiene la virtud de situar muy pronto la discusión en el terreno de lo práctico: para él, la felicidad no puede alcanzarse sin inteligencia, sin el uso de nuestra capacidad racional, lo que implica un control de nuestras emociones y pasiones, no para abortarlas o cercenarlas, sino para saber dirigirlas y administrarlas. Séneca le contestaría a Nietzsche que la potencia arrolladora del instinto no sirve para nada sin la sabia dirección de la razón. El filósofo alemán, casi dos mil años después, criticaba a Séneca por haber sido el arsenal ético del cristianismo, pero él era también muy estoico en algunos aspectos. Por ejemplo en el empeño y la valentía que supone buscar la felicidad. El filósofo alemán piensa que el estado de dicha se alcanza cuando se vence lo que nos oprime, cuando la voluntad de poder crece y las resistencias son abatidas y superadas. Es el mismo concepto de lucha y esfuerzo que propugna el estoicismo, solo que, en Nietzsche, lo irracional debe mandar, como defendían algunos filósofos griegos. Por el contrario, Séneca nos enseñó mucho antes, que el vitalismo, sin control, no sirve de nada.

Sabemos que Nietzsche fue manipulado y tergiversado por el nazismo: era fácil hacerlo, sirviéndose de su crítica a los valores clásicos, a la razón, a la hermandad que Séneca aprendió de los pitagóricos y luego imitarán tanto el cristianismo como los ilustrados de la Revolución francesa. Ese irracionalismo radical inspiró a algunos tiranos del siglo XX parecidos a aquellos otros como Nerón o Calígula, que quisieron matar a Séneca por su crítica al despotismo. Es curiosa la anécdota que protagonizó Ulrich von Hassell, el militar rebelde que preparó un atentado contra Hitler. Sabiendo que su intento había fracasado, esperaba la muerte que le traería la Gestapo sentado en el sofá de su casa, leyendo a Séneca. La anécdota no es inocente. Sus asesinos lo encontraron esperando a la muerte mientras leía las palabras de Séneca, aquel filósofo que también, veinte siglos atrás, aguardaba la muerte que le traían por orden de otro tirano, esta vez Nerón.

Quizá aquel general rebelde fue feliz mientras aguardaba el final, sabiendo que había cumplido con su deber como militar, patriota y ser humano. También Séneca fue feliz, y así lo fue igualmente Marco Aurelio, a pesar de su fatigosa vida y de las guerras y pandemias que tuvo que afrontar. Ser feliz, para un estoico, significa autorrealizarse, es decir, construirse a sí mismo. Eso implica crecer mediante lo que nos es específico como seres humanos: el uso de la inteligencia, es decir, de la razón, para alcanzar la sabiduría, entendida como conjunto de valores asumidos: respeto, libertad, solidaridad; lo que nos lleva a la felicidad, a la satisfacción de haber alcanzado nuestras metas como personas.

b) Felicidad senequista entre los siglos XVII y XIX

Hemos visto que, durante la Edad Media y el Renacimiento, las ideas de Séneca tuvieron un éxito atronador. Hasta el punto de que, durante el siglo XVI, nace una nueva corriente de pensamiento llamada neoestoicismo, a la que pertenecieron Montesquieu, Francis Bacon, Quevedo o el filósofo Descartes entre otros. Este último entiende bien el concepto de felicidad senequista, cuando en sus *Cartas a Isabel de Bohemia* dice que Séneca habla de la felicidad como una plenitud espiritual. Pero su filosofía, como en general el neoestoicismo, caminará por una senda diferente a la del filósofo cordobés, al pretender una fusión entre estoicismo y cristianismo.

La influencia de Séneca continuará, de uno u otro modo, en los siglos siguientes. A finales del XVII, los filósofos empiristas como Locke (1632-1704), que están en la base del liberalismo, retomarán la importancia del placer para alcanzar la felicidad, soslayando la visión racional senequista. En sus *Ensayos*, el inglés la define como el máximo placer y a la desgracia como el máximo dolor.[17] Esta visión tan simple de la felicidad, que carece de los matices racionalistas de Séneca, favorecerá el concepto materialista e insatisfactorio que hoy tenemos de la misma. Frente a Locke y los empiristas, otros filósofos como Leibniz (1646-1716) seguirán en la línea del filósofo romano al pensar que la felicidad se relaciona con el amor, la perfección, la armonía y el orden. Hume (1711-1776) profundiza en esta idea, pero le da más importancia al factor económico y social, que ya aparece en los anteriores, al pensar que la felicidad debe ser un conjunto de placeres que se puedan difundir, repartir, casi comercializar, como ocurre hoy día.

En cambio, los filósofos de la Ilustración adorarán a Séneca y volverán los ojos a su concepto de la felicidad. Entenderán que esta es fruto de la razón y llegarán más lejos aún que el filósofo de Córdoba, diciendo que es nuestro deber ejercer esa capacidad que nos diferencia del resto de seres vivos: «En ciertos casos, hasta puede ser un deber cuidar de la propia felicidad», dice Kant[18] (1724-1804). El filósofo alemán defiende que debemos ser dignos de nuestra capacidad racional y que tenemos, por tanto, la obligación de ser felices. Ya no sería solo afirmar que los seres humanos podemos alcanzar la felicidad, como sugiere el psicólogo Albert Ellis (1913-2007) en el título de su obra más conocida, *Usted puede ser feliz*. En Kant se nos insiste en que podemos y debemos ser felices. Este imperativo respeta la esencia de las ideas senequistas, pero lleva más allá el concepto de felicidad, considerándolo no solo un derecho, sino una obligación. En cambio, el cordobés se limitaba a indicar el camino sin exigir nada a nadie, ofreciendo esta vía de sabiduría libremente a quien quisiera seguirla. Kant ha dado un paso más hacia lo que se conoce como *la ética del deber*, aunque los postulados sobre la felicidad son los mismos que en Séneca, a quien casi parece traducir del latín en algunos de sus pasajes de la *Crítica de la Razón Práctica*.

Bentham, el padre del utilitarismo moderno (1748-1832), vuelve al concepto que tenían Locke y Hume cuando habla de la máxima felicidad para el mayor número posible de individuos. Pero la felicidad se tiene o no se tiene, sin grados. Ese intento de cuantificarla se me antoja como un intento de patentar el invento y venderlo al mayor número de personas posible. Hay una filosofía de mercader en todas estas corrientes utilitaristas, que están muy lejos de la felicidad senequista. Pero se agradece el intento de modernizar y universalizar el concepto en una visión que, a pesar de las diferencias, está claramente inspirada en Séneca y el estoicismo. En esta línea utilitarista trabajaron los discípulos de Bentham, desde Stuart Mill (1806-1873) hasta Robert Owen (1771-1858), uno de los fundadores del socialismo utópico. Las ideas de Séneca estarán también muy presentes en ellos con los matices propios de la época y su contexto. El propio John Stuart Mill afirmaba, casi traduciendo a Séneca, que había aprendido a buscar la felicidad limitando sus deseos. La influencia del filósofo cordobés es evidente, aunque Mill entienda la felicidad como la búsqueda del placer y la huida del dolor, aceptando que hay placeres superiores que deben tener prioridad. En este sentido es epicúreo sin dejar de ser estoico, pues los filósofos del XIX nunca se apartarán de Séneca, a pesar de su crítica al racionalismo. Entienden la idea de felicidad con un aire menos aristocrático y más liberal que el filósofo cordobés, pero no consiguen librar al ser humano de su alienación ni del consumismo, que hoy nos abruma y desequilibra.

c) Los siglos XX y XXI. La conquista de la felicidad

Bertrand Russell (1872-1970) fue ahijado de John Stuart Mill, que tuvo gran influencia en su pensamiento. Siendo matemático y filósofo, ganó el premio Nobel de Literatura en 1950. Cuando, veinte años antes, escribió su libro *La conquista de la felicidad*, quería reflejar con el título esa idea senequista de que la felicidad exige un esfuerzo. La obra está influida por el sabio cordobés y recoge muchos de sus postulados, como la idea de que el amor es un medio para conseguir la felicidad y es necesario combatir la vanidad y la envidia, que nos impiden ser felices.

Pero Russell escribía en un contexto diferente. El suyo era el periodo de entreguerras del siglo XX y se dirigía a un público muy concreto: al ser humano que pretende ser feliz en un ambiente ajeno a los conflictos bélicos, a la falta de salud, lejos de la tiranía y la dominación. Para todas las ideas que trata en su libro leyó a Séneca y tomó, en ocasiones casi al pie de la letra, los postulados del estoico cordobés. Pero el mensaje de Séneca es más liberador aún que el que propone su alumno inglés: la tremenda fortaleza del estoicismo hizo que sus sabios vivieran felices incluso en las más atroces circunstancias. Séneca fue feliz aquejado desde joven de una enfermedad respiratoria que le provocaba ataques de asma que duraban más de una hora y que los médicos de aquellos tiempos llamaban *meditatio mortis*, preparación para la muerte. El filósofo se sobrepuso a todo ello y cuidó siempre de su salud haciendo vida sana y deporte. Fue feliz bajo la tiranía de Nerón, como Epicteto lo fue siendo esclavo y Marco Aurelio murió feliz a pesar de haber tenido que afrontar tantos años de guerra en las orillas del Danubio. Los antiguos estoicos supieron ser felices incluso en las peores circunstancias. Por eso su legado es tan potente y liberador. A la luz de estos personajes, tanto la moderna psicología como los filósofos posteriores que se han servido del estoicismo clásico han sido solo un pálido reflejo de aquella lucha heroica por la vida y la felicidad.

Pero Russell hace hincapié en otros detalles que ya apuntó el sabio cordobés y que son esenciales para alcanzar la felicidad: uno de los más importantes es combatir nuestro egoísmo. Es una idea central, que ya aparece en Séneca y los estoicos, pero que alcanza hoy mayor relevancia por hallarnos en una sociedad individualista y tremendamente ególatra como es la de este primer cuarto del siglo XXI. En diferentes ámbitos de la sociedad y la cultura se plasman ideas que, en muchas ocasiones, son un remedo descafeinado de los viejos planteamientos estoicos; buscan resolver los conflictos psicológicos del mundo actual mimando nuestro ego: nos dicen que tenemos que mirar por nosotros mismos, que valemos mucho, que somos los mejores, que lo podemos todo. Y con el refuerzo fácil de esa autoestima de la que tanto carecemos en el mundo de hoy, pretenden vender ideas simples de la antigua filosofía estoica dejándose atrás uno de sus elementos principales: la importancia del ser social, es decir, del ser humano en relación, convivencia e interacción con la sociedad. A la hora de buscar la felicidad, no podemos dejar a un lado la repercusión que tenemos sobre las demás personas, la necesidad de pensar en los otros, comprenderlos y colaborar con ellos.

El ser humano es un ser social, que alcanza la felicidad conviviendo con otros. No se puede ser feliz en una isla desierta: inclu so Robinson Crusoe necesitó un amigo para no volverse loco ante aquella soledad en que solo habría podido ser feliz un sabio estoico, que es un héroe utópico que no llega a materializarse, sino que nos señala la meta a la que dirigirnos, a pesar de que nunca se llegue plenamente a ella. El estoico sabe que es muy difícil llegar a ser sabio, pero siempre será aprendiz de sabio; se esforzará por ser un poco mejor cada día, y a lo largo de ese camino que es la vida, se irá construyendo poco a poco como ser humano.

José Ortega y Gasset (1883-1955), aunque no lo confiese abiertamente, bebe también de las fuentes de Séneca a la hora de hablar de la felicidad. Pretende teñir el racionalismo de ese vitalismo nietzscheano que reflejaba la fuerza y la lucha de los estoicos, pero Ortega sigue a Séneca en todo momento, como cuando recoge la idea senequista que aparece en *De tranquillitate animi*, donde el romano comenta a su amigo y familiar Anneo Sereno que la felicidad es una mezcla acompasada de reflexión y acción. Dice Ortega que la felicidad supone dedicar el tiempo a actividades para las cuales cada ser humano tiene especial vocación.[19] Así es, se trata de eso, de volcar no solo nuestra reflexión, sino la acción, en algo que nos *satisfaga completamente*. Pero cuando Ortega cita estas dos palabras, está parafraseando a Séneca. «Satisfacer», en latín *satisfacere*, significa «hacer bastante», pues el término está compuesto del adverbio *satis*, bastante, lo suficiente, y *facere*, hacer; lo que le permite reflejar la idea senequista de moderación en los deseos. Por otro lado, el adverbio *completamente* habla de la plenitud, de ese estado de satisfacción plena que busca Séneca, y que alcanza al final de su vida cuando dice en *Cartas a Lucilio*:

> Hemos de prepararnos antes para la muerte que para la vida. La vida está bien abastecida, pero nosotros siempre estamos deseosos de más abastecimiento: nos parece y siempre nos parecerá que nos falta algo. Que hayamos vivido lo suficiente no lo otorgan los años ni los días, sino nuestra actitud. He vivido, queridísimo amigo Lucilio, cuanto era suficiente. Aguardo la muerte satisfecho.[20]

Precisamente ese estado de grata satisfacción plena es el que usa la RAE para definir la felicidad; tiene ecos de Platón, de Séneca y también de Ortega, amén de otros muchos filósofos que conscientemente o no, beben del manantial estoico de Séneca.

Ortega entiende la felicidad como convergencia entre lo que queremos ser y lo que somos en realidad. Supone armonizar la realidad y el deseo. Querer siempre lo mismo, como dice Séneca, en función de nuestras circunstancias y libertad, es decir, siendo conscientes de aquello que está en nuestra mano y de lo que no lo está.

Durante el siglo XX, distintas escuelas filosóficas como la de Frankfurt o Viena denunciaron la insatisfacción producida por una sociedad que promete la felicidad a través del consumo, como en tiempos pasados se prometían paraísos y vida eterna. No es esa la idea senequista de la felicidad. Hoy día, la moderna tecnología del siglo XXI nos mete de lleno en un nuevo utilitarismo que nos atiborra de bienes materiales que fomentan nuestro individualismo. Ese es el mundo actual, donde el consumismo no ofrece satisfacción al ser humano, sino una sensación de pérdida y soledad de la que ya avisaba Séneca, porque no se sabe qué se desea ni se conoce el camino por el que se transita hacia la verdadera felicidad. Comprar, gastar compulsivamente, entrar en el carrusel del consumo y los compromisos sociales, de las modas y tendencias, sacrificarlo todo por subir de estatus, todo eso no trae la felicidad.

4. *La lucha estoica nada tiene que ver con la resignación*

Entonces, para ser felices, ¿hay que resignarse? La respuesta es no. Séneca no habla nunca de resignación sino de aceptación. Precisamente, la interpretación cristiana del senequismo ha favorecido la idea de que su filosofía se puede interpretar como una especie de sumisión o consuelo ante las dificultades de la vida y la propia muerte. Cuando muchos hablan hoy de estoicismo, piensan inmediatamente en la resignación y el aguante, en el pesimismo y el conformismo. No es así. En la Antigüedad, esta corriente filosófica no pretendía la inacción o el conformismo sino todo lo contrario: elevarse por encima de la fortuna y de las limitaciones humanas. El hecho de que los estoicos sean deterministas no quiere decir que sean derrotistas. Creen en la Providencia y el Destino, pero eso no los aboca a la resignación sino al conocimiento exacto de nuestros límites, a la comprensión certera de la realidad, a saber qué cosas dependen de nosotros y qué cosas no. De esa forma nos situamos cabalmente en este terreno de juego que es la vida y nos vemos capaces de poder así luchar con las máximas garantías.

Séneca siempre fue un luchador y nunca un derrotista. El estoicismo no tiene nada que ver con la resignación sino con la valentía como actitud ante la vida, porque la naturaleza nos proporciona los medios y la llave de la felicidad si nos atrevemos a buscarla, a construirla a nuestro alrededor. Un estoico no verá nunca la naturaleza como un caos, en eso coincidirá con todas las religiones, que consideran la naturaleza una obra de Dios ordenada y bien estructurada. Así veía el estoico el universo, como un todo ordenado milimétricamente: las estaciones se suceden, los ciclos de siembra y cosecha producen alimento providencialmente, el día sucede a la noche, los planetas se mueven regularmente, todo obedece a una intención que para ellos es divina, un orden que llaman *Providencia* y que es el máximo reflejo de esa naturaleza que admiran e idolatran. El sabio llegará a entender y aceptar que todo funciona así porque está bien hecho, porque obedece al interés común y universal. Pero, a menudo, ese fluir del Destino, ese orden, esa realidad que se impone por encima de nuestra fragilidad, no coincidirá con nuestro interés particular.

Esas son precisamente las primeras palabras de Epicteto en sus disertaciones recopiladas por su discípulo Arriano. En ellas habla de la importantísima diferencia entre aquello que está en nuestra mano y aquello que no. Eso marca los límites de la libertad y la inteligencia estoicas. Fue Epicteto uno de los tres grandes filósofos de época romana. Tenía diez años cuando condenaron a muerte a Séneca. Fue esclavo de Epafrodito, un liberto de Nerón, y luego fue liberado y ejerció como profesor en Nicópolis, Grecia. Allí lo conoció el emperador Adriano y sus escritos serán los que estudie Marco Aurelio, el tercer gran filósofo estoico de Roma.

Pues bien, Epicteto dice que hay que distinguir lo que depende de nosotros y lo que no depende de nosotros. Pone el ejemplo de alguien que quiere escribir una carta a un amigo suyo, como Séneca hizo con las *Cartas a Lucilio.* La gramática —explica Epicteto[21]— te dirá qué letras debes usar, pero la gramática no te dirá si has de escribir o no al amigo, ni cuándo, ni qué cosas escribirle. De esta forma tan sencilla, nos explica que hay cosas que vienen dadas, como la gramática y las letras, como el mundo en que vivimos, el país en que nacemos, la familia de la que provenimos, nuestras limitaciones y la del universo físico al que pertenecemos. Esas cosas vienen dadas, como las letras, pero no te van a decir si has de escribir o no, si quieres hacerlo, cuándo, en qué tono, etc. Eso último pertenece a nuestra libertad. Por tanto, saber qué cosas dependen de nosotros, y cuáles no, nos permite utilizar la razón y nuestra voluntad para actuar en el margen en que nos es posible. Nuestro entendimiento nos faculta para la comprensión de la realidad y el ejercicio de la libertad, no de forma resignada sino activa, desde la aceptación consciente y feliz de esa realidad. Es decir, la libertad, la sabiduría y la felicidad consisten en saber adaptarse a nuestras circunstancias, a nuestra realidad y nuestro Destino. Y esa adaptación no supone conformismo ni resignación, sino actitud inteligente y participativa dentro del mundo en que vivimos. E implica esfuerzo y lucha. Por eso Séneca no habla nunca de resignación, sino de grandeza de alma. Por ejemplo, cuando se refiere a la muerte, emplea los verbos desdeñar, despreciar y desafiar. Nunca utiliza el término resignación.

El desconocimiento y los tópicos han hecho circular la idea de los estoicos como pesimistas y fatalistas. Esta última palabra implica una trampa. Es cierto que los estoicos son fatalistas. Sí, y a la vez optimistas. Y no hay contradicción entre ambos términos. Séneca era fatalista porque creía en el *fatum*, en el destino, un concepto que no tenía entonces las connotaciones negativas que tiene hoy, especialmente en sus derivados españoles *fatal, fatídico o fatalismo.* Por eso, el empleo de este último término, aplicado al estoicismo, es una trampa lingüística. En la antigua Roma el *fatum* es el hado, el destino, sin más. Creer en la existencia del Destino no implica pesimismo. Por el contrario, el cordobés era un pensador optimista, porque creía que la naturaleza nos traza el camino hacia la felicidad. Corresponde a cada ser humano saber andar ese camino, es decir, tener la inteligencia y el coraje de recorrerlo.

El estoicismo no supone una espera resignada, todo lo contrario, es combativo y luchador, porque su misión consiste en animar a los seres humanos a prestar, en todo momento, el máximo afán en construirnos como personas, como individuos racionales, tal como la naturaleza ha proyectado que seamos. En Séneca no hay resignación ante la muerte sino valor frente a la flaqueza. Hablamos de un hombre condenado tres veces a muerte por el poder despótico, un luchador que nunca se rindió, que peleó hasta el final, con las armas de la razón y de la inteligencia. Con esas armas llegó al poder y nunca pensó en usar otras. En la generación anterior, en la época que le toco vivir a su padre, Roma se vio sacudida por las guerras civiles que hundieron la República y trajeron el Imperio. Entonces, los generales ambiciosos manejaron a su antojo ejércitos para acceder al poder. Luego, en tiempos del Imperio, fueron los Césares los que gobernaron con sus tropas; muchos alcanzaron el trono con conjuras, con violencia, con crímenes y rivalidades. Séneca, en cambio, subió a la cumbre del poder usando como únicas armas las de la inteligencia y la razón. Eso exigió mucho sacrificio y valentía desde el principio. Por eso, la idea, ampliamente extendida, del filósofo como un personaje pasivo y resignado es una interpretación tremendamente injusta. Esa visión estereotipada y parcial de su figura ha alimentado el falso tópico de un Séneca que muestra una postura distante ante la vida, resignada, despegada y hasta irónica. A eso algunos lo llaman *senequismo*. Pero, en honor a la verdad, Séneca no fue así. Nunca se resignó, luchó siempre desde la razón y el pacifismo, desde la sensatez y el sentido común. Abrió caminos de libertad a su tiempo y a las épocas que le siguieron. Ayudó a cambiar el mundo en que vivía enseñando a los seres humanos a ser cada día más libres y más solidarios. Podemos aprender de sus palabras, pero también de sus hechos, de cómo llevó su vida. Llama la atención su dedicación intelectual. Tuvo una formación cultural enciclopédica. Llegó a ser el pensador más importante de su tiempo. Participó en política. Procuró humanizarla, racionalizar el espíritu, educar a ciudadanos libres. Se volcó en la política como intelectual comprometido hasta sus últimas consecuencias. De hecho, los motivos de su muerte son puramente políticos. Defendió la dignidad de los esclavos, pretendió educar a todos, también a los más desfavorecidos, intentando disminuir la desmesurada importancia del dinero en la sociedad de su tiempo. No fue un hombre radical ni extremista en ningún aspecto de su vida, sino que aceptó la diversidad de la naturaleza humana, asumiendo como valor esencial el cosmopolitismo y no el nacionalismo.

Puso, por delante de todo, la independencia y soberanía personal sin abandonar nunca su intención de educar y humanizar al poder. Defendió siempre la libertad individual, la coherencia, el amor por la sabiduría hasta el extremo de estar dispuesto a perder la vida por ello, si las circunstancias le impedían vivir con dignidad. Fue un hombre rico y senador poderoso, pero nunca se plegó al poder ni fue corrupto o acomodaticio. Por eso, durante su vida política, fue condenado a muerte tres veces por emperadores déspotas o autoritarios, que lo veían como un peligroso opositor, no tanto por ser un escritor y filósofo de gran prestigio entre la opinión pública, sino por haberse convertido, ante todo, en un político poderoso.

Si Séneca hubiera sido un senador medroso y acomodaticio, si hubiera sido un hombre corrupto que solo buscara mantenerse en el poder a toda costa, no habría sufrido esas tres injustas condenas a muerte. Solo es condenado por tres emperadores consecutivos un hombre molesto, que no pacta fácilmente, que se mantiene en sus posiciones éticas. Ejemplos políticos de supervivientes corruptos los hay por doquier. Antes y ahora. Séneca no fue uno de ellos.

El primero que quiso matarlo fue Calígula, y lo hizo en el momento en que optó definitivamente por el despotismo. Una amiga del filósofo, que tenía buenas relaciones con el emperador, logró convencerlo de que aquel era un hombre muy enfermo y que moriría muy pronto a causa de una dolencia pulmonar, que efectivamente lo acompañó durante toda su vida. Calígula tenía entonces otros problemas más urgentes que afrontar y dejó correr el asunto. Séneca se apartó de la escena temporalmente y tuvo la suerte de que en pocos meses asesinaran al emperador. Eso le salvó la vida. Luego subió Claudio al trono, un hombre autoritario a quien no le gustaba el compromiso ético de Séneca aplicado al poder. Este también lo condenó a muerte bajo una falsa acusación de adulterio. En última instancia, la pena capital se conmutó por el destierro y el filósofo pasó ocho años exiliado en la isla de Córcega. El asesinato de Mesalina y la subida al poder de Agripina le permitió volver a Roma hasta que fue acusado por Nerón y condenado a muerte. Esta última condena no la pudo evitar. Séneca se vio forzado a elegir la forma de morir y lo hizo en su casa, cortándose las venas en un baño de agua caliente, acompañado por sus amigos más cercanos. Su muerte fue un ejemplo más de valentía y de compromiso con la libertad. En toda su vida, pero especialmente a la hora de su muerte, no vemos en él a un político corrupto, hipócrita o desleal, no vemos a un hombre vencido o resignado, sino a un luchador infatigable e insobornable en defensa de sus compromisos éticos y de su forma de entender la política y la sociedad.

El pensamiento de Séneca ha ayudado a construir los mejores presupuestos éticos que hoy han desembocado en lo que conocemos como derechos humanos. Hay que releer a Séneca para no caer precisamente en lo que nunca defendió: la resignación.

5. *Refugiarnos en nuestra interioridad*

Cuando Séneca habla del refugio en la interioridad no nos está pidiendo que nos aislemos del mundo, de los amigos o de la familia. En absoluto. El refugio en uno mismo no implica de ningún modo egoísmos ni personalismos. Desde la fuerza individual, los seres humanos deben ser solidarios, prestarse auxilio mutuo, vivir en sociedad, respetarse en su dignidad, y en la dignidad de los demás. El propio emperador Marco Aurelio lo dirá en un estilo tan sentencioso como el de Séneca:

> El bien de un ser racional es la comunidad. Hemos nacido para vivir en comunidad.[22]

Ninguno de los problemas que afrontó Marco Aurelio en su época le hizo torcer el rumbo. Su filosofía estoica le enseñaba que ni las guerras ni la pandemia de la peste, acontecimientos que se repiten hoy, en este primer cuarto del siglo XXI, deben empujarnos al egoísmo, a la insolidaridad ni a lo incívico. Ante las crisis, el ser humano tiende a dar una respuesta impulsiva, animal, porque, cuando se arrebatan los mínimos medios de supervivencia o se ejerce la violencia del despotismo, los hombres se ven tentados a reaccionar con hostilidad y refugiarse en el egoísmo y la barbarie, si es preciso. Nuestra naturaleza humana nos empuja al instinto de supervivencia, que desencadena el egoísmo, y una falta de solidaridad que todo lo empeora. Si Séneca acude al refugio de la interioridad no lo hace por individualismo, conveniencia, gusto personal ni afanes ascéticos. Se repliega sobre sí mismo por motivos políticos, solo desde el momento en que todo le es hostil, cuando no tiene ya ningún margen de maniobra, cuando ve que Nerón lo persigue, cuando el filósofo se siente acosado por el poder. Entonces se retira de la corte y continúa la lucha desde su interior: leyendo, escribiendo, dando ejemplo, denunciando la inmoralidad de la tiranía. Una de las grandes diferencias entre el estoicismo y el mundo de hoy es que la filosofía estoica mira por el individuo sin perder de vista la sociedad, a la que pertenece y en cuyo seno encuentra su sentido. Todos formamos parte del tejido social. En tiempos de Séneca también los esclavos; hoy los excluidos, los migrantes o los desahuciados. Todos estamos interrelacionados. Y debemos ser tolerantes y solidarios, pues esa es la base de la justicia social. Esta misma reflexión es la que desarrollará después Marco Aurelio. El ser humano como individuo es importante, pero también somos seres sociales: debemos aprender a vivir con los demás respetándolos y pensando en el bien común.

> Los seres racionales han nacido el uno para el otro, la tolerancia es parte de la justicia.[23]

Séneca dirá que el hombre es cosa sagrada para el hombre (*Homo, sacra res homini*),[24] porque estamos compuestos de los mismos elementos de la naturaleza, y eso nos hace iguales en dignidad, aunque diferentes en virtud. Este concepto de la igualdad es muy interesante en boca de un hombre perteneciente a la aristocracia romana, sociedad clasista y elitista por excelencia. No solo admite la misma dignidad para hombres, mujeres e incluso esclavos. También aprecia a las personas por sí mismas y no por su pertenencia social.

No es noble, dice Séneca, quien exhibe títulos nobiliarios ni un vestíbulo lleno de efigies gloriosas: el alma es lo que convierte a una persona en noble o no, y ese perfeccionamiento moral es asequible a todos.[25] Hay que valorar a los demás por sus méritos éticos, no por su dinero o condición social:

> Te equivocas si crees que voy a rechazar a alguno en la idea de que se dedica a menesteres demasiado sucios, pongamos por caso un mulero o un boyero: yo no los apreciaré por su oficio sino por su carácter. Cada cual se fragua su carácter, los oficios los asigna el azar… No hay por qué buscar, querido Lucilio, a un amigo solamente en el foro o en el senado. A menudo un buen material se desperdicia por falta de artesano.[26]

Cualquier persona, independientemente de su extracción social, sexo, raza, etc., es susceptible de ser feliz. Es la frase del famoso Albert Ellis, padre de la psicología moderna, *Usted puede ser feliz*. Eso es precisamente lo que dijo Séneca veinte siglos atrás: cualquiera puede ser feliz, si no equivoca el camino.

PARTE III.
SÉNECA Y LA CONSTRUCCIÓN DE LA FELICIDAD

1. Primera precaución: no equivocar el camino

a) ¡Cuidado! Corres en dirección contraria

Precisamente este es el primer consejo que da Séneca en su libro, *Sobre la vida feliz*, dedicado a su hermano Galión: no equivocar el camino. Este es el punto de partida imprescindible para conseguir cualquier objetivo que nos propongamos en la vida, más aún en lo que respecta a la búsqueda de la felicidad, un asunto complejo y dado a diferentes interpretaciones, rodeado de manipulación y fraude continuo. Si hoy, nos quieren vender un coche, quizá nos digan que comprándolo seremos felices. Pero la felicidad no la da la posesión de un vehículo o de cualquier otro bien material. Séneca estaría de acuerdo en aquello de que el dinero no da la felicidad, pues esta ni se compra ni se vende, sino que es algo que debemos construir nosotros mismos, con nuestras decisiones y nuestro propio esfuerzo. Por eso, frente a los vendedores de felicidad, Séneca nos alerta: lo primero que hay que hacer es no equivocar el camino, porque entonces nos alejaremos cada vez más de nuestro objetivo.

> Todos quieren vivir felices, pero se les nubla la vista cuando pretenden descubrir qué hace feliz una vida. No es fácil alcanzar la felicidad, porque, si has equivocado el camino, más te apartarás de ella cuanto más deprisa avances. Pues, cuando marchas

> en sentido contrario, tu propia velocidad te hace distanciarte más del objetivo.[27]

Todas las personas ansían alcanzar la felicidad, pero, si equivocan el camino, se alejan de ella. Diríamos que corren en dirección contraria. Seguir ese camino equivocado solo sirve para acumular frustración y preocupación. Quienes se dejan engañar y toman la senda incorrecta corren apresuradamente hacia lo que creen que es la felicidad, pero lo que hacen, realmente, es alejarse cada vez más de ella.

Las prisas no son buenas consejeras, dice el refrán. Pero el mundo digital, que todo lo ocupa en este primer cuarto del siglo XXI, nos impone una urgencia y un estrés del que es difícil escapar. En las redes sociales e internet leemos mensajes, imágenes y publicaciones que se empujan unas a otras, se solapan en segundos. Todo es aceleración, velocidad vertiginosa, sin un marco temporal, sin método ni estrategias. Es lo que decía Séneca al principio de su libro: no sabemos a dónde vamos y la propia velocidad nos confunde. Vamos dando saltos, sin dirección alguna, dando tumbos, y esa falta de guía temporal afecta a la felicidad, que es un proceso.

La velocidad digital no nos deja tiempo para reflexionar y hace que la realidad, que circula a un ritmo más lento, nos aburra.[28] Ese es el síndrome de hiperactividad, la incapacidad de centrarse en algo, de concentrarse, el estar siempre pendientes de las pantallas, lo que, a la larga, genera nerviosismo, angustia, aburrimiento y tedio. Pasar tantas horas inmersos en las redes sociales cambia nuestra comprensión del mundo y nuestra capacidad de actuar sobre él, nos vuelve pasivos: si no manejamos los dispositivos electrónicos con espíritu crítico, no seremos sus amos, sino sus siervos.

b) No confundas la felicidad con sus instrumentos

> ¿Dónde está el error, si todos desean una vida feliz? El error está en que no conciben lo que es la felicidad en sí. La confunden con

> sus instrumentos y, cuanto más la buscan, más se alejan de ella. Y así, aunque la esencia de una vida feliz consiste en una serenidad firme y una confianza imbatible en ella, lo que hacen es acumular cada vez más motivos de preocupación y, en el intrincado camino de la vida, no llevan sus cargas con inteligencia, sino que las van arrastrando. De este modo, se desvían siempre de la ruta. Cuanto más buscan la felicidad, más lejos están de alcanzarla y, cuanto más esfuerzo ponen en ello, más obstáculos encuentran en su camino, y se ven forzados a retroceder. Es lo mismo que les ocurre a los que corren dentro de un laberinto: la misma velocidad los va desorientando.[29]

Para acometer cualquier empresa en nuestra vida, lo prioritario es saber a dónde queremos ir. Más aún en el terreno de la felicidad, que es resbaladizo y difícil. Primero porque hay muchos conceptos distintos de lo que supone ser feliz: para unos consiste en lo material, para otros en la suerte, para algunos en lo espiritual, para muchos en la riqueza. Otros la definirán por otros parámetros, algunos incluso negarán que exista. Séneca, en su tiempo, también tuvo que refutar a sus detractores y combatir contra otros conceptos de felicidad, que él consideraba falsos. Precisamente por eso, indica que, ante todo, no debemos errar el camino, es decir, hay que saber con certeza en qué radica la felicidad. El primer paso consiste en marcarnos un objetivo cierto, seguro, no engañoso. Más aún en la sociedad actual, donde tenemos muchos medios de información y de una velocidad asombrosa. Pero ese acceso tan fácil y rápido a la información no nos hace más felices, porque la felicidad no es cuestión de rapidez. Si corremos en la dirección equivocada, como dice el filósofo, nos alejaremos cada vez más deprisa de ella. Séneca nos hablará de su idea de una vida feliz. Refutará a quienes defienden que se encuentra en el placer o los bienes materiales. Argumentará que esos son instrumentos para la felicidad, pero no la felicidad en sí. Para el filósofo de Córdoba, no la encontraremos en la búsqueda desesperada de un momento de plenitud, una satisfacción de nuestros deseos, salud, dinero o amor. Eso son solo instrumentos para la felicidad, que es algo mucho más complejo: un estado que no es efímero sino permanente. Séneca nos enseña que la felicidad solo se puede conseguir con un empeño de la inteligencia y la voluntad, es decir, con nuestro esfuerzo y el uso de la razón.

c) ¿Sabes a dónde quieres ir?

En el mundo de hoy hay muchas personas que parecen barcos a la deriva. No sabemos qué buscamos; vivimos inmersos en muchas y variadas actividades, pero sin rumbo fijo, distraídos en asuntos superfluos o inútiles, en lugar de descubrir lo que nos apasiona y esmerarnos en ese cometido.

Séneca aclara que la felicidad es un proyecto de vida, una forma de conducir nuestra existencia, un proceso vital que iremos construyendo día a día.

> Solo podrá ordenar cada cosa particular quien tiene a la vista el proyecto completo de su vida. Nadie, aunque tenga a mano los colores, podrá reproducir nada cabalmente si no sabe con certeza qué quiere pintar. Fallamos porque todos recapacitamos sobre las partes de la vida y nadie recapacita sobre toda ella. Debe saber adónde apunta el que quiere disparar la flecha y luego enfilar y regular el dardo: fracasan nuestros planes porque no apuntan a nada; para quien no sabe a qué puerto va, nunca hay viento favorable.[30]

Efectivamente, no va a ningún lado quien no sabe adónde va. Y hoy es más fácil confundirse que en épocas pasadas. Actualmente vivimos en la sociedad de la publicidad, del márquetin y del engaño. El nuestro es un mundo donde se mezcla y confunde lo real con lo virtual, la información con el bulo, la verdad con la mentira. En una sociedad como la nuestra, que no valora la educación, la cultura y la razón, es fácil equivocar el camino, dejarse llevar por la propaganda interesada, caer en los brazos del consumismo, creyendo que alcanzaremos la felicidad acumulando bienes y dinero. Pero, ya hace dos mil años, Séneca nos avisó: por ese camino obsesivo caeremos en todo lo contrario: angustia y ansiedad ante la imposibilidad de poner límite a nuestros caprichos.

Alcanzar la sabiduría que nos conduce a la felicidad está al alcance de todos, porque todos estamos dotados de razón en nuestra calidad de seres humanos. Sabio es quien alcanza a tener control sobre sí mismo y sus emociones, quien es capaz de tomar sus decisiones y trazar su propia vida sin dejarse llevar por los demás. Hay personas con dos o tres títulos universitarios que son necios, carecen de autocontrol, no tienen autoestima ni empatía, siembran y cosechan su propia infelicidad; otros en cambio, sin títulos ni grados, son moderados y sencillos, piensan por sí mismos, fomentan su inteligencia emocional y logran ser felices donde otros fracasan. Séneca explica claramente que la filosofía, el amor a la sabiduría, no se alcanza en las ideas abstractas, en los complejos sistemas teóricos, sino en la vida real, en nuestro día a día, en la propia reflexión sobre quiénes somos y qué queremos. Esta postura práctica, ese acercar la filosofía a la realidad de cada cual, es uno de los mayores atractivos de Séneca, que entiende que no está en las palabras sino en los hechos (*Philosophia... non in verbis sed in rebus est*[31]). Su pensamiento pone el foco en la realidad y en el propio ser humano. Volvemos a la máxima griega «Conócete a ti mismo», que estaba cincelada en el oráculo de Delfos. Séneca nos invita a un ejercicio de introspección interior, a una reflexión sobre quiénes somos y qué queremos ser. Esa sabiduría no será teórica, sino que ayudará a formar nuestro carácter. Así entiende Séneca el sentido de la filosofía, que, como sabemos, es palabra griega que significa amor por la sabiduría. De ella dice:

> Le da forma al carácter, lo fabrica, ordena la vida, dirige los actos, muestra lo que hay que hacer y lo que no, se sienta al timón y dirige el rumbo de aquellos que vacilan en un mar de dudas. Sin ella, nadie puede vivir libre del miedo o la preocupación.[32]

La filosofía no es, en la concepción de Séneca, un tema de estudio ni una asignatura académica. Consiste en ayudar a no equivocar el camino hacia la felicidad. Y para ello hay dos pasos ineludibles: primero, decidir qué queremos y, luego, perseverar en ello (*Ideo constituendum est quid velimus et in eo perseverandum*).[33]

d) La comodidad del rebaño

La sociedad de Séneca era muy parecida a la nuestra. En aquellos tiempos la gente se dejaba llevar por los demás, por rumores y falsos profetas, por imitación de los que creían superiores, más afortunados, más poderosos. Ahora, en pleno siglo XXI, especialmente a través de la dictadura de la imagen y el poder de Internet, se imponen con facilidad los falsos valores de una sociedad injusta, que nos vende un equivocado camino hacia la felicidad. El mensaje de Séneca es válido también para el mundo de hoy. Lo primero que hay que hacer es tener un criterio propio, no dejarse llevar, como las ovejas, por el rebaño.

> En la búsqueda de la felicidad el camino más trillado, que todos siguen, es precisamente el más engañoso. A nada hay que prestar más atención que a no comportarse como un rebaño que sigue a los que van delante, yendo por donde se les lleva, no por donde hay que ir. Nada nos sumerge en peores males que cuando nos dejamos persuadir de que lo que hace la mayoría es lo mejor y de que es bueno lo que aplauden todos. No vivimos, entonces, según nuestro propio razonamiento, sino a imitación de los demás.[34]

Es decir, debemos vivir *según nuestro propio razonamiento*, entendido como nuestra facultad de pensar y razonar. A la hora de ser feliz, la razón es la clave del éxito. Hemos visto que en los estoicos se identifica con la virtud, el destino, la naturaleza e incluso la divinidad. Hay que entender que, para esta corriente de pensamiento, nuestra capacidad de razonar nos dota de un instrumento que no poseen los demás seres vivos con que compartimos este planeta. Esa razón que nos habita es un reflejo del orden del universo, participa de esa naturaleza divina que lo rige todo y nos permite la libertad y la felicidad.

El mensaje es muy sencillo: hablamos de desarrollar nuestro propio criterio, con personalidad, con espíritu crítico. Pero llevar esto a la práctica es difícil, más aún en una sociedad como la actual, en que nos creemos muy libres, pero no lo somos. Estamos mediatizados por lo que los demás dicen o hacen. Somos como ese rebaño del que habla Séneca, que siempre sigue las tendencias que imponen otros. La clave para la libertad y la felicidad, según el filósofo de Córdoba, consiste, ante todo, en usar la razón. Eso significa pensar por uno mismo. Ser independiente y no dejarse llevar. Pero esto implica ciertos sacrificios. El estoicismo nos invita a mantener una postura inteligente en la vida y nos promete la felicidad, pero, a cambio, nos exige espíritu crítico, capacidad de juzgar con serenidad. Séneca explica que a los seres humanos nos resulta más fácil creer que pensar, dejarnos llevar por la imitación y la costumbre antes que elaborar nuestro propio proyecto de vida. Pero, a pesar de ello, hay que saber apartarse de lo convencional, para buscar, a través de la razón y la inteligencia, nuestro propio camino hacia la felicidad.

> Todo el mundo prefiere creer a pensar. Nunca se piensa sobre la vida, siempre se cree lo que otros nos dicen. El error pasa de mano en mano: nos envuelve y nos arrastra. Nos equivocamos por seguir el ejemplo de los demás: encontraremos el camino si nos separamos un poco del rebaño. En estos tiempos la gente desprecia la razón y así, se erige en defensor de su propio mal. [35]

Apartarse un poco del rebaño siempre me ha parecido una buena idea. Más aún en los tiempos presentes en que la moda consiste en despreciar la inteligencia y la cultura, en dejarse llevar, buscar el placer, la vida fácil, sin compromisos, con una libertad ficticia, con valores falsos y decadentes. Séneca parece estar describiendo el mundo de hoy y no el de hace dos mil años. Pues, en sus tiempos, también había un desprecio por lo intelectual y por el mundo de la cultura en general. El filósofo de Córdoba explica el pensamiento de su época en tres palabras que no precisan traducción, *stat contra rationem*, está contra la razón. Entonces la gente también se oponía a seguir el camino de la razón, como hoy, y lo que se consigue en estos casos, según el texto anterior, es convertirse en defensores de nuestro propio mal, es decir, procurarnos nuestra propia infelicidad. Según Séneca, el camino que hay que seguir en la vida para ser feliz incluye necesariamente el uso de la razón y la inteligencia, algo que es patrimonio de todos los seres humanos y que se encuentra, por tanto, al alcance de cualquiera que esté dispuesto a hacer el esfuerzo.

Pero los seres humanos solemos actuar por imitación. Y la mayoría rehúye hacer ese sacrificio. Prefieren una vida más cómoda, con menos exigencias. Para alcanzar la felicidad de Séneca hay que tomar otro camino: *Fuge multitudinem*, huye de la multitud, dice el filósofo,[36] incluso, si es necesario, apartándose de la muchedumbre y buscando la soledad interior: «Conviene que te hagas diferente a la mayoría, siempre que te resulte seguro, retírate a tu interior».[37]

Cuando imitamos a la mayoría, buscamos su aprobación. La opinión de los demás nos interesa mucho más de lo que confesamos. Preferimos ser gregarios, porque nos resulta más fácil la comodidad del rebaño y recibir su aceptación. Pero nuestra forma de actuar no debe estar sometida a esa opinión ajena: Séneca nos dirá que dejemos a un lado la opinión de los demás (*Remove existimationem hominum*)[38] y no se cansará de repetirnos que lo que importa es la opinión que nosotros tenemos de nosotros mismos, no la ajena: «Mucho más importa en esto qué opinión tienes tú de ti mismo que la de los demás».[39]

Por eso es tan importante seguir nuestro propio camino, sin importarnos las críticas o el aplauso de los que nos rodean. Cuesta trabajo recorrer esa senda, pero supone una victoria de la propia personalidad sobre la presión de los demás, que pretende imponerse sobre nosotros y nuestra libertad, unas veces de forma más sutil, otras de forma más grosera, dependiendo de las circunstancias: en ocasiones a través de los placeres, en otras sirviéndose de las ventajas prometidas o del chantaje psicológico. En todos esos casos, hay que resistir y decidir por uno mismo, sin dejarse manipular por los demás.

e) La asombrosa modernidad de Séneca

El mensaje de Séneca no es tan antiguo como parece ni está anclado en una época dos milenios atrás. De hecho, la nueva psicología cognitiva explica que se basa en las ideas senequistas para desarrollar sus teorías científicas en pleno siglo XXI. Esto supone un reconocimiento unánime de la figura de Séneca en particular y del estoicismo en general, que ya hicieron muchos filósofos y pensadores a lo largo de la historia. En el terreno de la psicología moderna ya lo confesó el propio Albert Ellis (1913-2007), un psicoterapeuta cognitivo estadounidense que desarrolló lo que hoy se conoce como Terapia Racional Emotiva Conductual (TREC). La labor de Ellis influyó mucho en los psicoterapeutas posteriores y favoreció la aparición de un buen número de discípulos que continúan desarrollando sus ideas en la actualidad. Sus reflexiones lo han llevado a ser considerado como uno de los psicoterapeutas más influyentes de la historia, poseedor de un legado que sigue vivo y que cuenta con muchos seguidores, dentro y fuera de nuestras fronteras. Pues bien, Séneca está detrás de todo ello. Tanto el maestro como sus discípulos reconocen abiertamente que sus ideas se basan en los principales postulados del pensamiento antiguo. Y citan a los tres grandes filósofos estoicos romanos del siglo I y II d.C.: Séneca, Epicteto y Marco Aurelio.

La psicología cognitiva defiende que, en la sociedad actual, circulan muchas creencias irracionales que conducen al individuo al desequilibrio emocional y, por tanto, a la infelicidad. Esas creencias nos hacen infelices, es decir, nos llevan a equivocar el camino hacia la felicidad, como decía Séneca. Y la propuesta de la moderna psicología es la misma que en su día hizo el filósofo cordobés: combatir esas creencias irracionales a través de la crítica y la razón. Así se llega a lo que hoy se conoce como «creencias racionales», un sistema de ideas que se sobrepone a las falsas y coloca las cosas en su sitio. Ese esfuerzo del entendimiento y la voluntad permite al individuo acceder a un mejor equilibrio emocional y lo faculta para combatir males de nuestro tiempo como la angustia, la depresión, los miedos o los complejos. Es la misma receta que Séneca dio veinte siglos atrás. Y si la moderna psicología admite que ha configurado sus teorías leyendo a Séneca, ¿por qué no leerlo hoy nosotros? ¿Por qué no sumergirnos sin intermediarios en la fuente de todo este conocimiento? Lee a Séneca, recomendaba Chaucer en plena Edad Media. Y hoy podemos leer su tratado *Sobre la felicidad* para el tema que nos ocupa, y mejor aún, para conocerlo en su conjunto podemos leer sus *Cartas a Lucilio*, un volumen compuesto por 124 breves epístolas dirigidas a un amigo suyo pero que en realidad están escritas para todo aquel que quiera leerlo y sentir en aquellas frases su voz amable y cercana. Y digo sentir porque sus palabras llegan a nuestra cabeza y a nuestro corazón. Tal es la habilidad de este gran filósofo que habla con la verdad desnuda, en un tono sincero y confidencial que el lector percibe en cuanto empieza a leer su primera carta:

> Haz lo que te digo, mi amigo Lucilio, reclama tu ser y en tu propio beneficio: toma y protege como un tesoro el tiempo que hasta ahora te han robado, te han escamoteado o has dejado perder. Convéncete de que esto es así como te lo escribo: a veces nos roban el tiempo, otras veces nos lo hurtan y otras lo dejamos ir. La pérdida más vergonzosa es la que sucede por negligencia nuestra. Y si quieres hacerme caso, te diré que gran parte de nuestra vida se nos escapa de las manos gestionándola mal, la mayor parte no haciendo nada y la vida entera se nos pasa haciendo otra cosa diferente a lo que deberíamos. ¿Quién valora

verdaderamente su tiempo? Dime quién. ¿Quién ama cada hora que le ha tocado vivir? Dime quién entiende que morimos un poquito cada día. En esto nos equivocamos completamente, en ver la muerte como algo que hay en el horizonte, cuando la mayor parte de ella ya ha quedado atrás. Todo tiempo pasado es muerte; pertenece a ella. Haz, por tanto, amigo Lucilio, lo que me dices que haces: abrazar cada hora de tu vida. Así, si te lanzas con decisión a vivir el momento presente, dependerás menos del día de mañana.

Mientras la aplazamos, se pasa la vida. Todo nos es ajeno, Lucilio, tan solo el tiempo es verdaderamente nuestro. La naturaleza nos dio el disfrute de esta única posesión resbaladiza y fugaz de la que puede apearnos cualquiera. Y tanta estupidez hay en nosotros, mortales, que cuando conseguimos bienes materiales, los más viles y fácilmente reparables, los consideramos una ganancia y, en cambio, nadie que ha recibido el tiempo de la vida piensa que debe algo, cuando además este es el único bien que ni siquiera quien lo agradece puede devolver.

Quizás me preguntes qué hago yo, que te doy estos consejos. Te he de confesar, para ser sincero, que, hago lo mismo que el hombre que invierte, pero es celoso de su dinero: llevo la cuenta de todos mis gastos. No puedo decirte que no tenga pérdidas, pero sí en qué he gastado y de qué modo. Te podría hacer balance de mi pobreza. Pero me sucede lo que a la mayoría que han perdido su dinero por circunstancias ajenas a ellos: todo el mundo lo compadece, nadie lo socorre. ¿Qué se concluye de esto? Que no considero pobre a alguien a quien le basta lo que tiene, por poco que sea. Tú eres joven. Por tanto, prefiero que valores tu tiempo y empezarás en buen momento. Pues, tal como decían los antiguos, «el ahorro tardío se queda en el fondo de la hucha». Y en el fondo no solo queda lo menos, sino lo peor. Adiós.[40]

Séneca, un escritor a quien sus críticos tachan de excesivamente racionalista, pensador que defiende la virtud y la razón en detrimento del vitalismo y la pasión, aparece aquí como un hombre sensato que aboga por un particular *Carpe diem*, un disfrutar de la vida, de cada hora de nuestra existencia para que no nos roben el tiempo, verdadero tesoro de los seres humanos. Somos tiempo y el tiempo es nuestra mayor riqueza. Sus palabras iniciales, *vindica te tibi*, reivindícate a ti, es decir, reclama para ti la posesión de ti mismo, son una invitación a valorar nuestro tiempo, a reivindicar nuestra libertad y nuestra vida, como el bien más importante del que gozamos y al que no prestamos la debida importancia. La última parte de la carta es una metáfora que compara la vida y el dinero, enfatiza aún más lo que dice al principio: valoramos el dinero y lo material como un bien cuando la vida es la mayor riqueza. Él es anciano y ya es pobre de tiempo, es decir, le queda un horizonte previsiblemente más escaso de vida y, aun así, sabe en qué gasta cada minuto, con quién, para qué. Toma sus decisiones a cada momento, vive en libertad apurando cada hora del día. Y, aunque le queda poco, le basta. Es feliz con lo que tiene. Es un ejemplo para Lucilio, más joven, un hombre que, como todos los que leamos la carta, como todos los millones de personas que la han leído en todas las épocas, debe aprender a valorar su vida y ver en qué emplea su tiempo, que es el verdadero y único tesoro que poseemos los mortales.

Séneca tiene un estilo muy cercano. Sus palabras son un bálsamo de paz en este mundo vertiginoso que nos ha tocado vivir. Cada carta invita a disfrutar la vida, a pensar por uno mismo, a buscar la felicidad y el equilibrio personal. Las hay más filosóficas y las hay más humanas, pero de todas ellas se puede extraer un pequeño tesoro de sabiduría capaz de convertirse en luz para nuestras vidas. Una luz que ha iluminado a los grandes hombres de los siglos que nos precedieron y que puede seguir iluminando a los venideros.

2. *Primeros pasos hacia la felicidad*

a) El necesario autocontrol

En la primera de sus cartas, Séneca nos recomendaba que fuéramos dueños de nuestro tiempo; pero para poder hacerlo, necesitamos, antes, ser dueños de nosotros mismos. La primera victoria que nos pondrá en el camino de la felicidad es la posesión de uno mismo, es decir, tomar el control de nuestro propio ser, de nuestras decisiones, de nuestro proyecto de vida. Es lo que quería decir con la expresión «Vindica te tibi», reclama para ti la posesión de ti mismo.

> Hagamos que todo nuestro tiempo sea nuestro; pero no lo será si antes no empezamos a ser dueños de nosotros mismos. ¿Cuándo será que desprecie yo las dos caras de la suerte? ¿Cuándo será que domine todos mis sentimientos, los ponga a las órdenes de mí mismo y deje escapar la palabra «vencí»? ¿Me preguntas a quién? No a los persas ni a los muy lejanos medos, ni a ningún otro pueblo guerrero si lo hay más allá de los escitas, sino a la codicia, a la ambición, al miedo a la muerte, que venció a vencedores de naciones.[41]

¡Esta sí que es una batalla épica! ¿Cómo vencer la codicia, la ambición o el miedo a la muerte? ¿Cómo dominar esos sentimientos? Porque Séneca explica que la felicidad se consigue a través del dominio de los sentimientos, hoy diríamos a través del control de las emociones y de los impulsos. Y el medio que puede hacer que lo consigamos es la razón, hoy hablaríamos del entrenamiento en la reflexión y la meditación. Es decir, las emociones, sobre todo las destructivas, se dominan a través de la reflexión y el empleo de la inteligencia. Las palabras y los contextos que empleaba Séneca han podido cambiar en estos últimos dos mil años, pero el mensaje es el mismo. Y es un mensaje muy liberador. Nuestra felicidad no depende de poderes ajenos a nosotros mismos; depende de nuestra inteligencia y nuestra libertad. Lo que está diciendo el filósofo cordobés es que podemos ser felices con un esfuerzo de nuestra inteligencia, entendida como voluntad y veneración hacia la Razón. Y ese mensaje es válido para el mundo de hoy. Habrá en Séneca distintos enfoques, más o menos espiritualismo o misticismo en cuanto al concepto, pero el filósofo nos dice con claridad que la felicidad se alcanza venciendo a la ambición, la envidia, la codicia o el miedo a la muerte. La Razón, según el filósofo cordobés, es el valor más alto, divinidad en sí, fuente de felicidad y virtud. La razón nos hace invencibles ante los golpes de la fortuna, porque en la vida siempre surgen dificultades.

> Tenemos que amurallarnos contra las desgracias. Pero ningún muro es inexpugnable contra la fortuna: pertrechémonos bien por dentro. Si esa parte está segura puede ocurrir el asedio del hombre, pero no su toma.[42]

La vida es una lucha en que tenemos que tomar parte. Requiere acción. No se alcanza la felicidad desde la pasividad. Y, en ese combate, lo primero que hay que hacer es vencerse a uno mismo. Hacerse resistente ante la adversidad. Si nos fortalecemos por dentro, en nuestro ser, estaremos más a salvo de los golpes de la fortuna y más cerca de la felicidad. Ese fortalecimiento lo favorece la razón: *porque nada hay más fuerte que la razón, ella doblega al azar, a la desgracia y al dolor. ¡Ama la razón! Su amor te dará armas contra lo más duro.*[43]

Ese es el mensaje de Séneca y el estoicismo: ama la razón. En este contexto filosófico, Séneca nos invita a despreciar lo engañoso y buscar la esencia de las cosas, lo importante. Y no lo hace desde la teoría sino desde la realidad cotidiana. La suya es una doctrina que se parece al pensamiento oriental tan de moda hoy: el karma, la mente apacible y serena del budismo, el ikigai japonés, etc. Pero este mensaje humanista y espiritual, que pensamos que solo proviene de Oriente, ya estaba desde hace dos mil años en Séneca, que nos ofrece un pensamiento más cercano a nosotros, más occidental.

b) Mejor *ser* que *tener*

> No hace mejor a un caballo los frenos de oro.[44]

Para alcanzar la felicidad hay que poner la prioridad en «ser», en construirnos como personas dotadas de razón, humanidad y valores. Ese «ser» es y será siempre más importante que el «tener».

> ¿Ves a esos que alaban la elocuencia, que persiguen las riquezas, que van buscando favores, que ponen su ansia de poder por encima de todo? Todos son enemigos entre sí o, lo que es lo mismo, llegarán a serlo. Todos los que ansían esas riquezas y poder son los mismos que las envidian. ¿No es mejor buscar lo que me aporte algo bueno? ¿Algo que colme mis sentimientos y no que solo me sirva de ostentación? Esas cosas que todos admiran, ante las que la gente se detiene, todo eso que uno enseña a otro para dejarlo con la boca abierta, todas esas cosas brillan por fuera, pero, por dentro, no valen nada.[45]

Tiene que venir Séneca, uno de los hombres más ricos del Imperio, un intelectual que alcanzó por completo el éxito literario y el poder político en vida, a decirnos que es más importante «ser» que «tener». Pocos multimillonarios de hoy, a diferencia del multimillonario que fue Séneca en su tiempo (*praedives*, lo llamaron, muy por encima de lo que entendemos por rico), confesarían que sus valores humanos valen mucho más que sus millones; menos aún estarían dispuestos, como Séneca lo estuvo y lo demostró, a perder toda esa riqueza por defender su dignidad y libertad.

> El camino más corto para alcanzar las riquezas pasa por despreciarlas.[46]

La leyenda negra de Séneca habla de un personaje corrupto, dispuesto a todo por el poder. Lo acusan de hipocresía por el mero hecho de ser rico o de haber intentado educar a Nerón. Sus detractores pretendían con estas acusaciones tapar sus palabras y minar su autoridad moral. Pero lo importante no es que fuera un hombre rico. Ya lo era antes de meterse en política. Lo importante es que un hombre, rico o pobre, puede decir por igual la verdad. Cuando Séneca muere condenado por Nerón, lo hace por defender sus ideas y su libertad, no su patrimonio. De hecho, ofreció todo su dinero a Nerón cuando decidió apartarse de la corte. No quería deberle nada. Y este fue un desprecio que el emperador no le perdonará. En los primeros años, cuando el filósofo volvió del destierro, su intención fue educarlo para el buen gobierno, pero, cuando vio que era inútil, se alejó del tirano, aunque sabía que eso le costaría la vida. El poder orquestó entonces contra él una leyenda negra que persiste hasta hoy. Para desmontar esa leyenda negra, como otras, basta con informarse en profundidad sobre el personaje y, en el caso de Séneca, basta con estudiar cómo y por qué se produjo su muerte.

La riqueza no es un mal, si se sabe usar para el bien común, si se convierte en asistente del ser humano, no en su dueña. Si el dinero acompaña a un hombre bueno y sabio, este sabrá hacer que revierta en beneficio de todos. Si cae en manos de un canalla, lo empleará para el vicio y el crimen. Lo importante, como en tantas cosas de la vida, no es el hecho en sí, sino el uso que hacemos de ello. Es lo que Séneca llama un preferible neutro: es mejor tener dinero que no tenerlo, pero la riqueza no aporta de por sí felicidad, si no manda la razón. El dinero debe ser nuestro sirviente, nunca nuestro amo.

Séneca no le declara la guerra a la riqueza, pero reconoce que, por encima de ella, está construirse como individuo: es más importante ser que tener. Por eso, alaba en su amigo Lucilio el deseo de mejorar día a día como persona:

> Que dejes a un lado todas las demás cosas y te esfuerces con tenacidad en la sola tarea de hacerte mejor cada día lo apruebo y me alegro.[47]

Es cierto que Séneca fue un hombre muy rico. Esa fue una de las acusaciones que le hicieron para desacreditarlo. Pero el filósofo explica que tener dinero no invalida el mensaje filosófico. La condición es que el dinero se haya ganado honradamente.

> Deja, por tanto, de vetar el dinero a los filósofos; nadie ha condenado a la sabiduría a ser pobre. Podrá tener el filósofo grandes riquezas, pero no arrebatadas a nadie ni manchadas de sangre ajena: adquiridas sin perjuicio de ninguno, sin negocios sucios, que salgan tan honrosamente como entraron… el sabio no rechazará los favores de la fortuna y ni se envanecerá ni se avergonzará del patrimonio adquirido por medios honrados.[48]

El estoicismo defiende que la riqueza, como la salud, como tantos recursos humanos materiales o inmateriales, no son bienes en sí, ni por sí mismos garantizan la felicidad. Lo importante es la razón, la intelectualidad moral, la ética y la configuración libre y honesta de la propia personalidad. Lo demás es accesorio. Y el dinero es también accesorio. Debe ser secundario, aunque para muchos sea una prioridad angustiosa que ponen por delante de cualquier otra cosa.

Si se le coloca en el lugar adecuado, la riqueza es preferible. La condición para poseerla, como dice Séneca, es que se haya conseguido por medios honestos. Y lo importante no es tanto el dinero en sí como el uso que se hace de él, el lugar que ocupa en nuestra escala de valores. No olvidemos que siempre es mejor «ser» que «tener». La riqueza es útil como un instrumento para la vida, como medio para llevar a cabo proyectos que beneficien a la comunidad, pero no se puede estar dispuesto a todo por ella. Si creemos que el dinero todo lo compra, incluso la felicidad, habremos errado el camino, porque confundiremos el instrumento con la propia felicidad en sí. Rendirse al dinero, colocarlo en el primer puesto de la vida, aferrarse a él por encima de todo nos conduce a la corrupción y el vicio, es decir, nos aboca a la infelicidad.

> Mucho vale no dejarse corromper con el uso de las riquezas y grande es aquel que en medio de las riquezas vive con sobriedad.[49]

Séneca lo expresa con claridad. Dice que tener dinero es como tener salud. Se puede usar el dinero para el mal (avaricia, egoísmo, ambición de poder, dominio) igual que se puede usar la salud para apuntarse a todo tipo de vicios. Eso sería un uso erróneo que nos lleva al desastre y a la infelicidad. Pero es mejor tener dinero, igual que gozar de buena salud, porque, si se actúa con la razón como guía, ambos bienes permiten a las personas acometer iniciativas para el bien común, es decir, ser útiles a la sociedad.

> La naturaleza me ordena ser útil a los hombres; sean esclavos o libres, de padres libres o libertos, de libertad legal o dada entre amigos, ¿qué importa? Dondequiera que haya un ser humano, allí hay lugar para un beneficio. Se puede, por tanto, repartir el dinero aun sin franquear el propio umbral, y ejercer la generosidad.[50]

Séneca, como todos los estoicos, sabe que vivimos en sociedad y que los seres humanos estamos para ayudar a los demás, es decir, nuestra vida adquiere sentido en contacto y solidaridad con los demás. En este aspecto, su pensamiento aporta una luz al objetivo que se debe perseguir en sociedades más justas. Tener dinero no debe convertirse en un juego de ambiciones y egoísmos.

La riqueza implica también, según Séneca, una responsabilidad social y moral, una responsabilidad ética. Hay que invertir en el bien común y ser solidarios. Porque el filósofo cordobés defiende la sobriedad y el control, pero no critica la riqueza, sino el lujo innecesario e insolidario, es decir, el mal uso de la riqueza. El dinero no debe dilapidarse en lujos y caprichos extravagantes, como hacen muchos ricos de hoy, sino que debe emplearse en la construcción y el refuerzo del tejido social.

Séneca repetirá una vez y otra que la estupidez moral no consiste en tener más o menos riqueza, sino en estar dispuesto a todo por alcanzarla o mantenerla, en usarla para vicios y caprichos, sin pensar en la responsabilidad que se debe tener hacia los demás. Ese pensamiento es el que realmente molestaba a sus detractores, porque ponía en evidencia su propia corrupción, no la de Séneca. Aún hoy, veinte siglos después, el filósofo cordobés puede seguir poniendo en evidencia el egoísmo de muchos que atesoran indecentemente cantidades hasta el delirio, sin pensar en que tal riqueza revierta en la sociedad que los ha hecho ricos. Esa angustia por acumular no los hace más felices. Séneca dirá que la avaricia no tiene fin ni satisfacción posible. La sobriedad sí.

c) Ver con claridad

El filósofo cordobés indicaba un camino hacia la felicidad, un sendero que cada cual podrá recorrer o no, según los valores que decida tomar como guía de su vida. Pero ante todo está nuestra responsabilidad. Ser felices depende de nuestra facultad de ver con claridad la realidad y no engañarnos. Séneca lo explica a través de una anécdota familiar que nos demostrará también su humildad. Vivía en su casa una esclava llamada Harpasta, que era retrasada y la había heredado de su primera esposa. Los nobles romanos también compraban esclavos simples, con pocas luces, para que los divirtieran y les sirvieran de bufones, una costumbre que Séneca no comparte en absoluto:

> Sabes que se ha quedado en mi casa Harpasta, una esclava tonta que heredé de mi esposa. Yo desde luego soy enemigo de esta costumbre, que me parece una monstruosidad: si alguna vez quiero reírme de alguien, me río de mí mismo.[51]

En esto, Séneca muestra una postura inteligente y moderna hacia estas personas, respetuosa, de una sensibilidad que no era habitual en el mundo antiguo. Pero además aprovecha para decirnos que cualquiera de nosotros puede ser más tonto que Harpasta. La lección moral viene cuando explica que esta mujer, que ya era muy anciana, se había quedado ciega, pero no lo sabía y les pedía una y otra vez a los esclavos que la sacaran fuera de la habitación, porque en la estancia no había luz:

> Esta mujer retrasada se quedó ciega de pronto. Lo que te cuento parece increíble, pero es cierto: no sabe que está ciega. Le pide una y otra vez al esclavo que la cambie de sitio, dice que la casa está a oscuras. Esto que en ella nos da risa piensa que nos ocurre a todos: nadie comprende que es avaro, que es codicioso. Por lo menos los ciegos piden un guía; nosotros vamos de un lado para otro sin guía y decimos: «Yo no soy ambicioso, es que en Roma no se puede vivir de otra manera; yo no soy un derrochador, es que la ciudad exige grandes gastos; no es culpa mía que sea tan impulsivo o no haya puesto orden en mi vida, es que soy joven».[52]

Séneca nos da una lección moral: en lugar de aceptar nuestra responsabilidad a la hora de vivir y buscar la felicidad, solemos buscar excusas para culpar a los demás. Echamos la responsabilidad sobre otros o sobre las circunstancias, antes de acometer con nuestro esfuerzo lo que nos corresponde. Nos engañamos a nosotros mismos, porque no tenemos el valor de esforzarnos y nos reímos de los menos capaces como Harpasta, pero Séneca es un hombre que sabe reírse de sí mismo, no necesita bufones. Más aún si pensamos que cualquiera de nosotros es más necio que aquella anciana, si no nos esforzamos en dirigir nuestra vida con acierto, si ponemos excusas pueriles para justificar nuestros vicios, si pensamos que la culpa de todo siempre la tienen los demás.

Reírse de uno mismo antes que de los demás es un signo de inteligencia. Y el sentido del humor es importante para la felicidad. Nos hace más sabios y resistentes a la adversidad. La risa relaja los músculos, alivia el estrés y la ansiedad, estimula la mente y mejora nuestro sistema inmune. Neutraliza las emociones negativas, nos hace más empáticos y comprensivos hacia los demás. Es algo parecido al ejercicio físico que siempre hizo Séneca, por ser un hombre asmático que tenía que cuidar de su salud. Simplemente caminar media hora al día libera endorfinas y nos hace sentirnos mejor. Séneca explica en varias ocasiones la importancia del ejercicio, tanto del cuerpo como del alma. Pero aclara que hay que prestar siempre más atención a la mente y el espíritu que al cuerpo, que debe requerir menos tiempo.

> Hay ejercicios sencillos y breves que pueden rendir el cuerpo sin tardanza y ahorrar tiempo, que es de lo que mejor hay que llevar la cuenta: carreras, mover las manos cargadas con algún peso y los saltos… En todo ejercicio que practiques vuélvete pronto del cuerpo al alma; entrénala noche y día. Ella se nutre con un esfuerzo moderado; su entrenamiento no lo estorba ni el frío ni el calor ni siquiera la vejez. Cuida ese bien tuyo que mejora con el tiempo.[53]

d) Todo el mundo se vende

Séneca, como hemos visto, se enfrentó a una dura campaña de desprestigio. Tuvo que combatir a muchos detractores que lo ofendían y procuraban desacreditarlo impunemente, en varias ocasiones desde el anonimato, como hoy hacen muchos estúpidos en las redes sociales.

En todos los tiempos, se acude a falacias destructivas para desacreditar a alguien o encubrir los vicios propios. Una de ellas es la de la generalización: todos los hombres son iguales, todas las mujeres son iguales, todos los políticos roban, todo el mundo se vende. Con esta idea falsa de generalización, los corruptos pretenden taparse, escudarse, disimular sus vicios y latrocinios. Los detractores con los que tuvo que enfrentarse Séneca en su tiempo usaron estas viejas técnicas para criticar a aquellos que eran más virtuosos, como él, que con su ejemplo ponía en evidencia la maldad y la degeneración de otros. El filósofo de Córdoba sabe que no es un hombre perfecto, está en continua construcción, pero pretende actuar honestamente en todo momento. A pesar de los errores que pueda cometer, no aceptará la maledicencia de aquellos que no son ejemplo de virtud, sino de todo lo contrario. Séneca es un luchador y sabrá defenderse con firmeza. Cuando critican sus faltas les reprende:

> Observáis las pupas ajenas y estáis llenos de úlceras.[54]

Que Séneca fuera un hombre bueno no quiere decir que no supiera pelear. Él es anterior al cristianismo y no está de acuerdo en eso de poner la otra mejilla. Usa, cuando lo necesita, la ironía y el sarcasmo; sabe que está rodeado de malvados y está dispuesto a combatirlos hasta el final. Entiende que, cuando lo difaman a él, pretenden criticar toda una escala de valores. Y por eso ataca a aquellos que censuran la virtud, denigran a los hombres justos como él o desprecian la filosofía. Las palabras de Séneca, su defensa de la integridad, su crítica al egoísmo y la corrupción, ponen en evidencia la actitud de muchos: les quita el disfraz. Séneca los incomoda, porque son hombres degenerados que quieren encubrir sus propios vicios criticando la filosofía, es decir, la ética. Si todos, incluso los sabios y filósofos, son tachados de corruptos, sus vicios y su propia corrupción pasarán más desapercibidos.

> Os conviene que nadie parezca bueno: como si la virtud ajena fuera el reproche de vuestros delitos.[55]

Breve y contundente. Séneca además es un gran psicólogo. Y la defensa que hace de sí mismo en *De vita beata* demuestra su alcance y su fino olfato. Quienes lo critican, aquellos que serán luego base de su leyenda negra hasta hoy, lo hacen no solo por motivos políticos sino también para tapar su propia inmoralidad. Cuando los intelectuales, los honestos, los críticos a la corrupción son difamados, no quedan ejemplos de moralidad. Es entonces cuando surge la idea de que todos son corruptos, de que todo es mentira, de que nadie se salva de la hipocresía y la maldad. Y así, sin modelos de virtud, los malvados campan a sus anchas. En ese contexto, su falta de ética no parece demasiado grave, pasa más desapercibida, porque quieren convencernos de que todos son inmorales. Pero Séneca insiste en la importancia de los valores, de la virtud.

> ¿No cumplen los filósofos lo que dicen? Pero ya hacen mucho con decirlo, con concebir en su pensamiento la virtud.[56]

Séneca es un pensador incómodo porque denuncia la falsedad y pone por delante la virtud, la honradez y la solidaridad. Sabe defenderse contraatacando, desvelando la ambición y la calumnia de aquellos que lo desprestigian.

> Pues si los que siguen la virtud son avaros, libidinosos y ambiciosos, ¿qué sois vosotros, que odiáis hasta el nombre mismo de la virtud?[57]

Vemos aquí a un Séneca combativo, que sabe pelear y está siempre dispuesto a continuar la lucha.

3. *La vida feliz de Séneca*

a) Dos frases que definen la sabiduría y nos ponen en el camino de la felicidad

En el oráculo de Delfos había escritas dos sentencias que resumen la sabiduría antigua de la que Séneca era experto: *Nada en exceso* y *Conócete a ti mismo.*

Moderación y autoconocimiento son garantía de la felicidad. Y Séneca ha aprendido, ya desde los griegos, que para alcanzar ambos es necesario un instrumento que nos hace genuinamente humanos y que constituye nuestra propia naturaleza: el uso del razonamiento y la inteligencia.

Hemos visto que la psicología del siglo XX y la terapia cognitiva actual del XXI confiesan haberse servido del estoicismo a la hora de intentar resolver los desequilibrios emocionales, no por medio de fármacos sino a través del pensamiento y la reflexión, de una forma muy parecida a como proponía Séneca en su tiempo. Y no les falta razón.

Cada vez hay más filósofos y psicólogos que alertan de que muchas conductas asociadas a los trastornos de hiperactividad o depresión son fruto de malos hábitos mentales, de falta de salud o de inmadurez, que podrían resolverse sin necesidad de acudir a ansiolíticos o antidepresivos. Un alto porcentaje de esos casos pueden remitir fácilmente con la psicoterapia antes que con la medicación. Este es un hecho comprobado por la ciencia actual y por la terapia cognitiva, cuyos principales expertos coinciden en que hay que librarse de creencias irracionales y combatirlas con ideas racionales, con la lógica, la argumentación y la perseverancia. Así logran, en muchos casos, desterrar las fobias, los miedos irracionales, la angustia, la ansiedad o la agresividad, que son males de nuestros días contra los que ya combatía Séneca en su tiempo. El filósofo romano explica con claridad que es fundamental una buena salud e higiene mental, como requisito para alcanzar la felicidad:

> Mientras tanto me reafirmo en la importancia de la naturaleza, algo que comparten todos los estoicos. La sabiduría consiste en no apartarse de ella y amoldarse a su ley y ejemplo. Por tanto, una vida feliz es la que se vive acorde con su propia naturaleza. Y no se podrá llegar a ella si no gozamos de una mente sana y en continua posesión de su salud primero. Y después debe ser fuerte y enérgica, lo más resistente posible, enfocada a las circunstancias, que se ocupe del bienestar del cuerpo y de todo lo que le concierne, pero sin obsesionarse; también debe ocuparse con esmero en todo cuanto concierne a la vida, sin dejarse encandilar por nada, usando los bienes de la fortuna para nuestro beneficio, pero sin llegar nunca a ser esclava de ellos.[58]

El pensamiento de Séneca es claro y a la vez profundo. La vida feliz se alcanza si vivimos conforme a la naturaleza. Esto puede entenderse hoy día como una especie de ecologismo material y espiritual a la vez. Porque hemos visto que, para los estoicos, la naturaleza es divina, por ser reflejo del orden y el equilibrio del mundo. Para el hombre de hoy, ajeno o no a esta especie de panteísmo, en todo caso la naturaleza debe ser objeto de preocupación. Es prioritario cuidarla y defenderla. Hay que adaptarse a ella, vivir conforme a sus leyes. Pero para el estoicismo, vivir conforme a la Naturaleza implica vivir también conforme a la razón, pues la naturaleza del ser humano es la racionalidad. Esa guía, y no la de las pasiones e impulsos descontrolados, ayudará al individuo a su pleno desarrollo y le permitirá alcanzar la tranquilidad, la libertad y la felicidad. El camino está trazado y parece fácil. Lo difícil es recorrerlo. Pero Séneca, si seguimos leyéndolo, nos dará las claves.

> El mayor bien es tener un espíritu que desprecia las cosas azarosas y se muestra feliz usando su razón. Es una fuerza de ánimo invicta, con experiencia de las cosas, serena en la acción, de gran humanidad y preocupación por las personas que nos rodean. Podemos concluir que un hombre feliz es aquel para quien, si no hay detrás una buena o mala intención, nada es bueno o malo en sí. Es alguien que cultiva lo honesto, está contento con su virtud, a quien la mala o buena suerte no lo ensoberbece ni lo quebranta, una persona que no conoce ningún bien mayor que el que él puede darse a sí mismo, que tendrá como placer verdadero el menosprecio de los placeres.[59]

Séneca pertenece a la corriente estoica, pero es un pensador original. Cuando no lo ve correcto, no sigue la norma de su escuela filosófica, o la matiza, defendiendo, ante todo, su libertad de pensamiento. Por ejemplo, los estoicos suelen plantear una guerra abierta contra las pasiones: las consideran peligrosas para la estabilidad emocional. Pero Séneca no quiere acabar con ellas, solo que estén bajo las órdenes de la razón. Hablamos de autocontrol. Para ello, el dominio de nuestros miedos y deseos es garantía de felicidad y libertad:

> Si quieres, puedo explicar lo mismo de otro modo, dejando a salvo y por completo el significado de mis anteriores palabras. Nada nos impide afirmar que una vida feliz consiste en un espíritu libre, erguido, sin miedo y sólido, situado fuera del temor, fuera de los deseos, para quien el único bien es la honradez, el único mal la deshonestidad, y todo lo demás un amasijo de cosas sin valor que no añaden ni quitan nada a una vida feliz, pues vienen y se van sin aumentar ni menguar el bien más importante.[60]

En sociedades hedonistas como la que nos ha tocado vivir, el dominio de los deseos, de los caprichos y pasiones destructivas se hace imprescindible. Sabemos que los placeres pueden provocar adicción si no los controlamos y precisamente esas adicciones, desde los estupefacientes hasta la ludopatía, son uno de los problemas fundamentales de la sociedad actual. El control de las pasiones, mediante nuestra inteligencia y espíritu crítico, nos aportará la serenidad y energía necesarias para alcanzar la felicidad:

> Entiendes que, aunque no te lo dijera, la consecuencia de esta actitud será una constante serenidad y libertad, porque habremos conseguido apartar de nosotros lo que nos irrita o nos asusta. En lugar de esos placeres que son efímeros y frágiles, nocivos incluso en sí mismos, nos llegará una gran alegría, firme y constante, una paz y concordia de ánimo y una fortaleza vigorosa pero serena.[61]

b) La violencia

> Toda violencia nace de la debilidad.[62]

«La violencia nace de la debilidad», gran frase. Séneca conoce muy bien el efecto destructivo de la ira y la violencia, de estos sentimientos irracionales que tanto daño han hecho en la historia de la humanidad. La suya era una sociedad violenta. No solo por las guerras o los conflictos sociales. También por la forma de divertirse. Muchas veces se habla de lo difícil que resulta de entender que un pueblo tan civilizador como el romano pudiera encontrar gozo y disfrute en los juegos de gladiadores, en ver a hombres y mujeres luchar y morir en la arena del Circo. El filósofo siempre criticó aquellos espectáculos como violentos e inhumanos. Pero, nuestra sociedad actual no es menos agresiva que aquella otra de la antigua Roma. Nos debe hacer recapacitar el papel que tiene hoy el uso de la tecnología, internet o videojuegos. En muchos casos, nuestros hijos pasan su ocio jugando en pantallas que rebosan violencia; el uso abusivo de las redes sociales llega a fomentar la crispación y el insulto, también la envidia, celos y agresividad. La moderna tecnología es un medio poderoso para la inteligencia, pero también para la estupidez. El uso que muchos hacen de ella está dirigido a la ofensa, al desprecio de todo aquello que no comulga con su ideario; sirve, desgraciadamente en muchos casos, como caldo de cultivo para el fanatismo y la ignorancia.

Porque ignorancia y fanatismo suelen ir unidos. Actuar sin pensar, sin usar la razón, sin saber ni esforzarse por saber, conduce al fanatismo. Y la moderna tecnología puede servir y está sirviendo para esos fines. Las sectas destructivas, el integrismo religioso terrorista y otras actividades violentas proliferan ahora en internet y agrupan a borregos que se dejan llevar por los gurús, supuestos expertos en terapias extrañas, curanderos, santeros, echadores de cartas, astrólogos, videntes, religiones alternativas, grupos de reforma del pensamiento, negacionistas y demás manipuladores psicológicos.

Ante medios audiovisuales que demuestran tanto poder a la hora de difundir el fanatismo, la ignorancia y la violencia, se hace imprescindible el espíritu crítico y el control emocional del que hablaba Séneca. Si logramos alcanzarlo, no solo veremos a los violentos como torpes y débiles, que no conocen otro modo de expresarse que el propio de los animales, también seremos más felices, sin ira, sin miedo, capaces de controlar placeres y deseos, de disfrutar de lo propio:

> A un espíritu con estos cimientos, se quiera o no, sigue una alegría continua y una profunda felicidad que procede de lo más hondo, pues goza de lo suyo y no ansía bienes mayores que los propios.[63]

La moderna tecnología debería ser un instrumento útil para nuestro crecimiento como seres humanos, pero en la mayoría de los casos no es así. Los avances e inventos de la humanidad no son buenos ni malos *per se*, como diría Séneca, pero sí lo es el uso que hagamos de ello. Y hoy día, en muchas ocasiones, el uso que se hace de los medios tecnológicos a nuestro alcance no sirve para nuestro crecimiento ni para nuestra felicidad, sino para todo lo contrario. Fomentan la crispación y los enfrentamientos, la falta de respeto a los demás, el ansia por sobresalir a toda costa. Los valores de nuestra sociedad deben cambiar o, al menos, nosotros deberíamos cambiar nuestros valores, de modo que entendamos que ser un modelo para la sociedad no consiste en tener éxito social y económico; de hecho, hoy día suele ocurrir al contrario: quienes tienen menos ética y escrúpulos suelen usar la picaresca, la mentira y la trampa para obtener ventaja sobre los demás. Recurren al *mobbing*, al *bullying* por ejemplo, palabras que proceden del mundo anglosajón, caracterizado por una competitividad enfermiza, donde todo está permitido si subes a la cima; son el chantaje, el acoso, la amenaza y la coacción de toda la vida. Hoy se impone una sociedad caníbal donde se desprecia lo que es diferente, porque amenaza nuestra frágil personalidad; donde se recurre a la violencia, porque tenemos miedo y complejo de no saber defender nuestros intereses con inteligencia y valor. Hoy la cima social la ocupan muchos de estos individuos para quienes el poder o el dinero lo es todo, y cualquier cosa sirve para alcanzarlo. Son verdaderos psicópatas sociales, a quienes el común de los mortales apoya, contagiados de su falta de inteligencia y de sus falsos valores. No se suele premiar en nuestras sociedades a los que se esfuerzan y destacan con honestidad. La cultura no vale nada. Los incultos presumen de su incultura, la vulgaridad está de moda, el honrado es un necio o un inadaptado. El espíritu de sacrificio, la buena educación, el respeto a la ley y las normas, el civismo, la seriedad en el trabajo, la amabilidad con los demás, todo esto es sinónimo de estupidez para una sociedad enferma que viaja a la deriva. Sin duda Séneca y su filosofía se hacen más necesarios que nunca.

Y este desprecio a la ética no solo perjudica a la sociedad en su conjunto, sino a los propios individuos, perdidos y desorientados en este maremágnum, sin rumbo muchas veces, invadidos por la incertidumbre y la dependencia emocional, que está en la base del maltrato físico y psicológico y genera enfermedades como la angustia y la depresión. Muchos de estos males son fruto de valores equivocados, de correr en dirección contraria a nuestra propia felicidad, de no saber lo que queremos, de no amarnos a nosotros mismos, de falta de introspección, de no conocernos ni querernos. Esa falta de seguridad en las propias capacidades, de aceptación de nuestras virtudes y defectos, de comprensión de que somos seres únicos, dignos de respeto y consideración, la aprovecharán los demás para esclavizarnos, para someternos a su antojo y maltratarnos. Ante tan descomunal acoso, Séneca nos dice que la solución puede estar a nuestro alcance: *Fac te ipse felicem,* es decir, hazte feliz tú mismo.[64]

c) La felicidad es una actitud mental

Si todo el mundo puede llegar a ser feliz con un esfuerzo de la inteligencia y la voluntad, es porque, en última instancia, la felicidad supone una actitud mental, un mirar hacia dentro, un hacer caso antes a lo que sentimos y pensamos que a lo que digan los demás.

> En las ocasiones en que estés rodeado de quienes quieran convencerte de que eres desgraciado, piensa no en lo que oigas, sino en lo que sientes.[65]

La felicidad es patrimonio exclusivo del ser humano en cuanto que procede de la razón. Una idea más difícil de entender en la actualidad que en la Grecia de hace dos mil años, porque vivimos en una época en que lo irracional tiene muy buena prensa. Lo onírico, lo mágico y el mundo de las pasiones se identifican hoy con lo genuinamente humano y, por tanto, cualquier idea racionalista puede parecer sospechosa de querer soslayar ese componente irracional que poseemos todas las personas. Pero esa minusvaloración de lo racional es solo un dogma de nuestro tiempo. Lo primero que dice Séneca es que hay que aprender a pensar por uno mismo. No hay que dejarse convencer por dogmas. Los estudios neurológicos actuales ponen en evidencia la admirable potencialidad del cerebro humano y, aunque la sociedad de hoy pretenda animalizar al hombre o humanizar a los animales, los límites son muy claros.

Esa excepcional facultad de nuestra mente ya la defendían los antiguos con más vehemencia que los modernos. Los griegos, al menos desde Aristóteles, definían al ser humano como un animal racional. Esta diferencia con el resto de los seres vivos entraña consecuencias inapelables: una de ellas es la posibilidad de buscar la felicidad. Los animales no pueden ser felices, los humanos sí. Así lo defiende el pensamiento estoico, que identifica la felicidad con la inteligencia y el control de nuestros impulsos.

Muchos individuos, hoy en pleno siglo XXI, creen que los hechos, las personas o las situaciones de su propia vida cotidiana son las que desencadenan inevitablemente los sentimientos de rabia, insatisfacción, alegría o tristeza que los poseen y los hacen infelices. Las pasiones han tomado el mando. Es por eso que creen que las diversas circunstancias y problemas de la vida desencadenan automáticamente su ira y, en muchos casos, no se creen responsables de haber perdido el control de sus impulsos. Esas personas son más ciegos y tontos que Harpasta. Son a quienes describía Séneca hace dos mil años, aquellos que decían que si pierden el control y son impulsivos no es por culpa suya, sino porque son jóvenes. Entonces, ¿la juventud es la responsable de que yo pierda el control? O cuando decían algunos que no es que les gustara el vicio o derrochar el dinero, era que en una ciudad como Roma no se podía vivir de otro modo. Entonces, ¿la culpa de mis vicios o de mi tren de vida derrochador la tiene la ciudad en la que vivo? Séneca continuaba con una pregunta: ¿Por qué nos engañamos?

Eso mismo nos diría hoy cuando justificamos haber perdido el control. Hoy diríamos: «La culpa es de aquel imbécil, que cada vez que abre la boca, me pone de los nervios». Seguimos justificando, dos mil años después, el fracaso a la hora de controlar nuestros impulsos y creemos que estamos abocados a perder los nervios inexorablemente. Pero no es así. Los estoicos explican que no hay una relación directa entre los hechos que nos suceden y las emociones que provocan en nosotros esos hechos. Hay un filtro intermedio que se llama razón y en nuestra mano está emplear ese filtro o no hacerlo. Eso marca una diferencia trascendental en la vida y en la búsqueda de la felicidad. Y el primero que lo dice claramente es Séneca. En el caso de los animales no hay filtro: la reacción es instintiva. Su respuesta viene determinada siempre por un estímulo. Pero no tiene por qué ocurrir así en el caso de los seres humanos, porque estamos dotados de razón. Esto lo entiende cualquiera, pero también cualquiera puede seguir engañándose, como lo hacían dos mil años atrás.

Séneca lo expresa muy claramente. Explica que en la vida psicológica del ser humano existe lo que llama *impetus*, de donde proceden nuestras palabras ímpetu o impetuoso, y que para los estoicos se refiere a la sensación, al estímulo que percibimos por los sentidos y a los que damos inmediata respuesta en nuestro cerebro convirtiéndolo en sentimientos o pasiones. Pero también existe el juicio reflexivo, que forma parte de nuestra alma e inteligencia y cuya función es analizar y clarificar esas pasiones, es decir, depurar esa información que nos viene de los sentidos para eliminar de ella todo lo oscuro e irracional. De esa forma, llegaremos a ideas racionales. Pondremos cada cosa en su sitio. Daremos el justo valor reflexivo a cada circunstancia. No dejaremos, como dice Séneca, que las pasiones, el placer, el dinero, el orgullo o la soberbia nos conviertan en sus esclavos.

La moderna psicología sabe que, entre los hechos y nuestras emociones, hay un filtro intermedio llamado pensamiento racional. Así lo demuestra la neurología, al descubrirnos la función de los nervios, que aportan al cerebro la información de los sentidos y que encuentran rápida e instintiva reacción en la amígdala, nuestro cerebro primitivo. Pero, inmediatamente después, aquella información pasa a nuestro cerebro racional que procesa los datos y les da un valor y sentido racionales. Es decir, salvando las distancias y los conceptos, estoicismo, neurología y moderna psicología están hablando de lo mismo: no es esa persona estúpida e insoportable la que automáticamente me pone rabioso, sin que yo pueda evitarlo. Es mi propia estupidez la que me pone rabioso. Mi propia ceguera. Pero yo puedo evitar o matizar ese sentimiento si lo paso por el filtro de la razón, de la racionalidad, del pensamiento. Si quiero hacer el esfuerzo, puedo evitar perfectamente esa respuesta instintiva. Las pasiones, los arranques, los impulsos como la ira, son reacciones de mi propia responsabilidad, porque, si les dejo vía libre, estoy dando visos de certeza absoluta a una idea irracional, a una emoción no controlada por la razón, a un sentimiento que decido adoptar obviando la reflexión y el conocimiento racional.

Es decir, entre los hechos y los efectos emocionales que provocan en la persona esos hechos, existen los pensamientos, el diálogo interior, la racionalización de lo que me ocurre y me afecta. Ese es el valor de la razón en Séneca como requisito indispensable para alcanzar la felicidad. A través de este tamiz, que solo existe en los seres humanos, aprendemos de Séneca y Marco Aurelio que no podemos cambiar muchas cosas que ocurren en la vida, pero sí la idea que nos podemos hacer de ellas. Hay personas hábiles que saben convertir sus derrotas en victorias. El propio emperador Marco Aurelio lo explica con gran claridad cuando quiere hacernos ver el poder de nuestra interioridad. Lo importante no es el hecho en sí sino la opinión que me forjo sobre ello:

> Si te afliges por alguna causa externa, no es ella lo que te importuna, sino la valoración que tú haces de ella. Y borrar esa valoración, está en tu mano.[66]

Como dirá más adelante, el alma, es decir, nuestro carácter es quien condiciona nuestros pensamientos. Debemos dar una valoración justa e inteligente a lo que nos pasa, sin dejarnos llevar por los impulsos inmediatos. Hay que aprender a juzgar las cosas por lo que son, no por lo que parecen. Por eso es tan importante la educación a través de la razón y el pensamiento crítico. De ello depende que seamos seres instruidos o insoportables:

> Los hombres han nacido los unos para los otros. Instrúyelos o sopórtalos.[67]

En esta línea avanza hoy la moderna psicología. Nuestra sociedad, a pesar de tener un acceso a la información infinitamente superior al de la Antigüedad, recibe un bombardeo continuo de creencias irracionales. Parece paradójico pensar que, en un mundo como el nuestro, accesible a múltiples posibilidades de conocimiento, seamos más fáciles de manipular que antes, cuando el saber estaba restringido a unos pocos. No somos más libres hoy por tener más información, sino que, por el contrario, la facilidad a la hora de manipularnos es aún mayor. Aun así, no hay que desesperar. Estamos dotados, como diría Séneca, de la Razón, y eso nos permite que seamos nosotros mismos, en el uso de nuestra inteligencia y libertad, quienes, en último término, nos creamos o no esas falsas ideas. Precisamente, uno de los puntos centrales de la actual psicología cognitiva es que los pensamientos determinan las emociones, es decir, el juicio que yo me hago de las cosas es lo que va a condicionar cómo me siento. Y el alma, la mente o la profunda interioridad de cada ser humano se tiñen del color de sus pensamientos. En ese caso, podemos construir nuestra felicidad a través de la razón, que nos aportará los instrumentos para vivir en libertad.

Evidentemente, es más fácil formular estas ideas que llevarlas a término. Quien justifica un arranque de ira podría decir. *«Tú no conoces a esa persona que me pone de los nervios. Es imposible evitarlo. Cuando habla es como si ladrara».* Precisamente Séneca utiliza una metáfora similar:

> Así pues, tal vez alguno de estos que ladran contra la filosofía diga lo que acostumbra.[68]

El filósofo nos sitúa en la vida cotidiana y nos habla de la necesidad de controlar los impulsos. Ese descenso al mundo real, al día a día, es una de sus grandes virtudes, y eso lo diferencia del resto de filósofos. Séneca entiende que hay muchas personas que parece que ladraran en vez de hablar, pero, a pesar de ello, no podemos perder los papeles ni actuar irracionalmente. El filósofo de Córdoba nos pondría hoy una metáfora similar: imaginemos que vamos paseando por la calle. Al pasar por delante de una casa, vemos a un perro atado en el jardín que empieza a ladrarnos. El animal está como loco, babea y ladra con una intensidad desquiciante. ¿Nos enfadaríamos con ese perro? ¿Nos entrarían deseos de apalearlo por el mero hecho de que no deja de ladrar? ¿Me darían ganas de saltar la verja de ese jardín privado para reprimir los ladridos de aquel animal? O quizás mejor seguiría paseando, sabiendo poner las cosas en su sitio y darle la importancia que objetivamente tienen. Si me detengo a pensar, entenderé que el perro me ha sorprendido, que me ha podido asustar porque no lo esperaba, que sus ladridos pueden resultar sin duda muy desagradables. Pero, ¿me enfadaré con ese perro o decidiré ignorar sus ladridos? ¿Me sacará de mis casillas? ¿O pensaré que, mientras el animal ladra, yo voy a la biblioteca a sacar el último libro de mi autor favorito o a encontrarme con mi mejor amigo o a ver a la mujer que amo? Tú decides. Ser feliz dependerá del uso que le des a tu razón y a tu libertad de elegir. En el fondo, cada uno de nosotros tenemos mucho que decir sobre nuestra propia felicidad.

No es fácil. Como no son fáciles las cosas importantes de la vida. En el caso de Séneca, él nos indica el camino. El papel de la razón a la hora de alcanzar la felicidad es determinante. Los animales no tienen la posibilidad de ser felices. Nosotros sí. Si queremos.

> Puede llamarse feliz al que nada teme ni desea siempre que lo haga con un acto deliberado de su inteligencia; pues las piedras también carecen de temor y de tristeza, e igualmente los animales, y no por ello afirma nadie que son felices quienes no tienen conciencia de la felicidad. Pon en el mismo plano a las personas a quienes un carácter necio y la ignorancia de sí mismos los reducen al número de animales u objetos inertes. Ninguna diferencia hay entre estos y aquellos, pues los primeros carecen de razón y los segundos la usan de forma artera y malvada, para hacer daño: nadie puede tildarse de feliz si está fuera de la verdad. En consecuencia, la vida feliz está cimentada sólidamente en un juicio recto y seguro. Entonces nuestra mente es pura y está liberada de todos los males, pues le resbalan no solo los golpes sino incluso los pellizcos. Estará dispuesta siempre a mantenerse en su sitio y reclamará su lugar incluso aunque la fortuna se convierta en su airada enemiga.[69]

Séneca nos descubre el camino de la felicidad en una frase: *Puede llamarse feliz al que, gracias a la razón, ni desea ni teme»* No desear y no temer tienen una lectura muy clara en el estoicismo. No desear consiste en ser sobrio, valorar tu persona y tu dignidad por encima del dinero, no pretender más de lo que necesitamos, no obsesionarnos con el lujo o la riqueza hasta el extremo de dejar atrás los valores humanos y nuestro propio sentido de la justicia. No desear es simplemente no dejar que nuestros caprichos de poder o riqueza se coloquen por delante de nuestra propia persona y de los seres queridos que nos rodean. No temer es también tremendamente importante. Tener miedo es un sentimiento humano que nos alerta del peligro. Pero cuando Séneca dice *no temer* está refiriéndose a los temores irracionales: el miedo a la muerte, el miedo a los dioses o al Infierno, el miedo a las desgracias futuras, es decir, todos esos miedos irracionales que provocan tristeza, depresión y ansiedad. Ese es el verdadero sentido de no desear y no temer. Y eso se consigue con un entrenamiento de la razón, del pensamiento, de nuestro espíritu crítico. El instrumento será el uso de nuestra inteligencia, de nuestra capacidad racional. Es decir, la felicidad pasa por la mente. No hay otro camino para ser feliz. La prioridad en la vida deberá ser el cuidado de sí mismo, la reflexión moral y la potenciación de nuestra propia interioridad. Séneca concreta más y propone ciertas actitudes que tienen que ver con la valentía, porque la búsqueda de la perfección interior supone un esfuerzo. Debemos aprender a tomar nuestras propias decisiones, sin miedo a equivocarnos o frustrarnos, procurando siempre la conquista de la libertad, que va unida a la felicidad. Para ello habrá que aguantar los golpes de la fortuna, el azar. Un elemento este que pertenece a la esfera de lo que los humanos no podemos controlar. Pero esa desprotección frente a la adversidad no nos debe infundir miedo. Siempre podemos minimizar los riesgos, es decir, dejar al azar el mínimo resquicio. No dejarse elevar ni hundir por la mala o buena suerte. Para ello habrá que fortalecer nuestra serenidad, humanidad y solidaridad. Por último, debemos disfrutar de la vida, los placeres, la salud y el dinero siempre que no perjudiquen nuestra libertad ni nuestros valores como persona. Hemos visto que Séneca no es como otros estoicos, que exigen una oposición frontal contra los deseos y placeres. El sabio cordobés los acepta siempre que sean un elemento secundario, no la guía de nuestra actuación. Y ocurría igual con el dinero y la riqueza. El sabio, el hombre libre, no tiene por qué ser pobre. Puede tener dinero y eso le permitirá vivir con dignidad y ayudar a los demás. Pero no se puede estar dispuesto a todo por dinero, eso generaría infelicidad. Séneca no plantea una guerra declarada a lo pasional, a los deseos, al placer o al dinero. Lo que hace es dejar bien claro que todos ellos deben estar sometidos, controlados y dominados por nuestra razón, honestidad e inteligencia. Y si ponen en juego mi dignidad como persona, los despreciaré. Este mensaje es tremendamente difícil de llevar a la realidad en un mundo como el nuestro, inmerso en el consumismo más feroz. Pero, no por consumir más, seremos más felices. Nos ocurre lo que dice Séneca: queremos más, usamos y tiramos, y deseamos más todavía. Esto genera insatisfacción, frustración y ansiedad en los individuos. También la contaminación acelerada del planeta. Todo buen ecologista de hoy debería ser un enemigo del consumismo actual: reciclar, reparar, reusar y no contaminar implica ser sobrio y limitar los deseos irracionales. Es la misma escala de valores que propuso Séneca hace dos mil años, y que hoy se hace más urgente que nunca, porque entonces la naturaleza no corría los peligros que, ahora, en pleno siglo XXI, amenazan su equilibrio.

4. *El consumismo, una trampa que crea infelicidad*

> Lo que es suficiente para nosotros está al alcance de la mano. Quien de buen grado se acomoda a la sobriedad es rico.[70]

El consumismo exacerbado es un fenómeno propio de las sociedades modernas, aunque ya había comportamientos parecidos en época romana. Es famoso aquel Apicio, millonario excéntrico, que se procuraba comidas siempre más sofisticadas y caras. En tiempos de Séneca, había gente que se rodeaba de lujos cada vez más exquisitos, que consumía por el gusto de consumir, que caía en ese carrusel loco y vertiginoso de satisfacer unos deseos que nunca tenían fin, pues, alcanzados estos, veían que se podía llegar más alto, y esa búsqueda por superar la marca anterior les hacía caer en la angustia e incluso perder la vida, como aquel Apicio, que se suicidó porque solo le quedaban diez millones de sestercios (una verdadera fortuna) y pensaba que con ese dinero no podría mantener su costoso tren de vida.

> Menos feliz vivía en nuestro tiempo Apicio, quien en esta ciudad de la que una vez se expulsó a los filósofos acusándolos de corromper la juventud, envenenó él a toda su generación con su obsesión por el arte culinario. Merece la pena conocer cómo murió. Después de haber dilapidado cien millones de sestercios en sus cocinas, después de haber engullido en continuos banquetes las inmensas rentas del Capitolio y costosísimos regalos

de emperadores, ahogado por las deudas, se vio entonces obligado por primera vez a hacer inventario de sus bienes. Calculó que le quedaban diez millones de sestercios y, decidió acabar con su vida mediante el veneno, porque creía que con diez millones de sestercios tendría que vivir una vida miserable. ¡Qué ansia de lujo poseyó a ese hombre, al que le pareció una miseria tener diez millones de sestercios! ¿Seguirás pensando que no hay que moderar los deseos? Aquel hombre se asustó ante diez millones de sestercios. Lo que muchos buscan con locura, él lo despreció con su suicidio. Con todo, aquella última bebida que tomó fue menos nociva que las que bebió toda su vida en sus celebraciones y comilonas. Su perversión le hacía beber y comer venenos diariamente; y más que gozar para sí, disfrutaba presumiendo de sus excéntricos banquetes, y hacía ostentación de sus vicios, y enviciaba a otros en sus excesos, para incitar a los jóvenes a imitarlo, a ellos, que son influenciables por su propia edad sin necesidad de que los seduzcan los malos ejemplos. Estas cosas les suceden a aquellos que no someten sus riquezas a la razón, que tiene límites claros, sino a sus caprichos, que siempre son ingentes e insaciables. Nada es suficiente para la codicia; en cambio, para la naturaleza incluso un poco es suficiente.[71]

Séneca retrata fielmente el consumismo de todos los tiempos y sus efectos devastadores, no solo sobre el propio Apicio, sino sobre aquellos a quienes corrompe moralmente, presumiendo de sus vicios y despertando la envidia con ese tren de vida desaforado y absurdo. Ese consumismo exacerbado conduce a la infelicidad, propia y ajena. La sentencia final es el colofón de todo lo anterior en forma de aforismo: *Nada es suficiente para la codicia; en cambio, para la naturaleza incluso un poco es suficiente.*

Aunque el consumismo siempre ha resultado nocivo y desatado, en el mundo de hoy ha llegado a un extremo casi paranoico. La obsolescencia programada, el comprar por comprar, el producir bienes contaminantes y efímeros para sustituirlos casi inmediatamente, consumir por consumir se está convirtiendo no solo en una continua fuente de insatisfacción e infelicidad, sino que amenaza el equilibrio natural y nuestra propia supervivencia. Hoy, el mundo en su conjunto se lanza hacia el consumo desenfrenado, sin entender que ponemos en riesgo nuestra vida, o lo que es lo mismo, la del planeta en que vivimos. El ritmo actual de producción y desecho de bienes genera una contaminación y residuos que atacan la salud de todos. En el presente somos consumistas compulsivos a quienes ese consumismo no solo acarrea infelicidad, como en el pasado, sino quizás también nuestra propia extinción. Y frente a esta locura, Séneca, desde la sobriedad y la moderación, insiste en que las necesidades naturales se satisfacen fácilmente.

> La naturaleza desea muy poco, los caprichos de hoy una inmensidad. Imagina que se amontonan sobre ti todas las riquezas que muchos magnates han poseído, que la fortuna te sonríe con una riqueza mucho más allá de la que corresponde a un particular, que te cubre de oro, que te viste de púrpura, que te lleva a un punto de refinamiento y lujo que solo pises mármol por donde vayas, imagina que no solo tengas oro, sino que caminas sobre él; que poseas estatuas, cuadros, y todas las obras de arte que alguna vez se crearon para el lujo. Pues bien, de todo esto solo aprenderás a desear más y más. Los deseos naturales tienen un término: los que nacen de los caprichos de hoy no tienen donde acabar; lo que es falso y engañoso no tiene fin. Para el que recorre un camino siempre hay un final, pero el que va extraviado da vueltas sin parar.[72]

No poner límite a los deseos acarrea la infelicidad. La opinión falsa de la que habla Séneca consiste en hacernos creer que la riqueza y el lujo nos harán más felices. No es así. En su búsqueda perdemos nuestra vida y hasta nuestros valores. Cuando hemos alcanzado bienes materiales tememos perderlos, no disfrutamos de ellos, sino que nos hacen ansiar cada vez más. Entramos, de este modo, en una carrera de consumo irracional que nos hace infelices. Precisamente en nuestra sociedad actual, que tiene más bienes, servicios y comodidades que ninguna de las del pasado, es donde hay más personas con depresión y ansiedad.

El consumismo no nos aporta tranquilidad ni felicidad porque no pone límite a los deseos caprichosos. En pos de esta angustiosa necesidad de poseer y atesorar, perdemos de vista lo importante, lo que realmente nos hace felices.

> «Tendrás menos dinero». Cierto, y también menos inquietud. «Menos fama». Cierto, y también menos envidia... Quien es dueño de sí, nada ha perdido.[73]

El consumismo es adictivo. Provoca la codicia, el deseo de poseer más y más.

> A nadie lo ha hecho rico nunca su dinero; todo lo contrario, a todos les ha infundido el deseo de poseer más. ¿Preguntas cuál es la causa? El que tiene más comienza a tener capacidad de tener más.[74]

Efectivamente. Y ese deseo no alcanza nunca el final, no tiene nunca satisfacción. El lujo y el consumismo son una adicción que nos somete a esclavitud, como todas las adicciones. Y querer aplacar nuestra ansiedad comprando más y más, atesorando más y más, no solo no tiene fin. Además, ese carrusel frenético e interminable de deseos acarrea angustia e infelicidad.

¿Nos condena entonces Séneca a la pobreza, él que fue uno de los hombres más ricos de su tiempo? En absoluto. Lo que nos indica son las prioridades. No poner límite a los deseos, ambicionar cada vez más sin ser conscientes de lo mucho que ya tenemos y de lo fácil que es cubrir nuestras necesidades naturales, consumir sin freno, esa es la mejor forma de labrar el camino hacia la infelicidad.

5. *Los deseos desorbitados: ten cuidado con lo que deseas*

No es pobre el que tiene poco, sino el que ambiciona más.[75]

Los deseos son parte esencial del ser humano. Pero dependiendo de qué tipo de cosas deseas y en qué grado, eso tendrá consecuencias importantes para tu vida. En una sociedad como la nuestra, obsesionada por la acumulación de dinero y bienes materiales, los primeros deseos suelen estar relacionados con la riqueza, aunque en esa lista de prioridades conviene poner la salud primero. En todo caso, Séneca defiende que la riqueza y la salud no son bienes en sí, ni contribuyen de por sí a la felicidad. Son indiferentes. Su contribución a la conquista de la felicidad dependerá del uso que se les dé. Hemos visto cómo el filósofo cordobés los calificaba de *preferibles*, aunque no son garantía de nada; pues, si alguien tiene dinero y salud, pero usa ambos para autodestruirse, para enfangarse en vicios o drogas, acabará arruinando las dos cosas: su dinero y su salud. Si, en cambio, lo usa con inteligencia, podrá emplear el dinero en el bienestar personal y la solidaridad social y se servirá de su salud para disfrutar de una buena calidad de vida.

El mayor bien es tener un espíritu que desprecia las cosas azarosas y se muestra feliz usando su razón. Es una fuerza de ánimo invicta, con experiencia de las cosas serena en la acción, de gran humanidad y preocupación por las personas que nos rodean.[76]

Lo que marca la verdadera diferencia es el uso de la razón, saber en qué emplear el dinero y la salud, la inteligencia, lo que Séneca llama virtud:

> Haz lo único que puede proporcionarte la felicidad: aparta y desprecia aquello que brilla y es externo a ti... mira al verdadero bien y goza de lo tuyo, es decir, de ti mismo y de la mejor parte de ti.[77]

La mejor parte de cada cual es la virtud, entendida como sede de nuestro pensamiento y personalidad, nuestro propio ser y carácter. Para Séneca la palabra virtud se identifica con nuestra racionalidad y voluntad. Es el centro de nuestras decisiones, de nuestro propio ser, ajeno a todo lo que es indiferente, como la suerte, el éxito o las riquezas. Algunos de estos bienes son preferibles, es cierto, pero siempre irán detrás de nuestra dignidad personal. Si el hombre sabio no tiene dinero, sabrá ser feliz sin él. Si lo tiene, lo cual es preferible, eso le permitirá vivir mejor. Pero no se traicionará nunca a sí mismo por tenerlo ni cambiará su escala de valores. No se puede estar dispuesto a todo por dinero. Si lo hiciera sería necio y caería en la infelicidad.

6. Los miedos infundados: ten cuidado con lo que temes

> Son más las cosas que nos aterrorizan que las que nos atacan en realidad y a menudo nos preocupamos más por la idea que tenemos de ello que por el hecho en sí.[78]

Muchos psicólogos actuales releen a Séneca y los estoicos para aconsejar nuevas terapias y actitudes que ayuden al hombre de hoy a combatir sus angustias. Pretenden refrenar el miedo y reforzar las ideas racionales, tal como propuso el filósofo cordobés. Ahora lo hacen en el marco de la nueva psicología, dentro de un conjunto de ideas que denominan terapia racional emotiva conductual. Séneca les daría un nombre más sencillo. Lo llamaría simplemente virtud.

Los estoicos en general y Séneca en particular argumentan que el miedo nos aparta de la felicidad. También los epicúreos entendieron la importancia de luchar contra los temores que atenazan a los seres humanos. Ellos proponían eliminar el miedo a la muerte, a los dioses y al destino combatiéndolos con la búsqueda del placer. Séneca conocía perfectamente la ideología epicúrea y aceptó muchas de sus ideas, aunque ese individualismo y esa única receta de alejarse del dolor a través del placer, le parecieron siempre cortas de miras. En muchas de sus cartas cita numerosas sentencias de Epicuro, que siempre defendió el placer, pero un placer inteligente, moderado y sereno. En este sentido, los epicúreos siempre concibieron la vida buena lejos de pasiones desbocadas o quemas desesperadas de naves. No fueron radicales en la búsqueda del placer, como sí lo fueron los hedonistas. Y esa moderación gustaba a Séneca, que, por otra parte, tampoco será un estoico ortodoxo. Estos últimos defendían que había que matar toda pasión, todo deseo. Eliminarlos de raíz. Pero el filósofo cordobés no es tan extremista. Piensa que no hay que erradicar los deseos, sino que deben estar siempre controlados por la razón. No niega el deseo, le pone bridas. Pide autocontrol. Por eso es un pensador tan interesante. No se deja avasallar por escuelas propias o extrañas. Acepta de cada cual los pensamientos que puedan ser útiles, pues las ideas nos pertenecen a todos y nadie está en posesión de la plena sabiduría. Pero hay algo que explica con mucha claridad: los miedos irracionales nos apartan de la felicidad.

Séneca nos dice que hay que combatir esos miedos para alcanzar la serenidad, un término que hoy, en el lenguaje de la moderna psicología, podríamos interpretar como el equilibrio emocional. Estos temores, fobias y pánicos irracionales rompen nuestra serenidad y pueden llegar a convertirse en una obsesión que nos provoque ansiedad. Séneca diría que hay que batallar contra esos miedos. Es el mismo mensaje de la moderna psicología, cuando explica que la ansiedad se produce por un sentimiento de amenaza y de peligro, un temor imaginado, que procede, muchas veces, de circunstancias habituales en nuestra vida como el miedo a la infidelidad o a la ruptura de la pareja, a no llegar a aprobar un examen, a no alcanzar la aceptación social que merecemos, a no estar a la altura de nuestro trabajo o a decepcionar a los demás.

Ante todos estos miedos, Séneca nos dice que no hay que anticipar los problemas. Una cosa es ser precavido y otra estar siempre temiéndose lo peor.

> Sufre más el que sufre antes.[79]

Anticipar los problemas es sufrir dos veces: antes de que ocurra y cuando las dificultades se presenten. Y si no llegan a presentarse, habremos sufrido gratuitamente. Ese proceso psicológico no es útil ni contribuye a la felicidad, sino todo lo contrario:

> Más cosas son, querido Lucilio, las que nos aterrorizan que las que nos afectan y, muy a menudo, sufrimos más por lo que creemos que por lo que es en realidad.... Esto es lo que te recomiendo: no seas desgraciado antes de tiempo, pues aquello por lo que te aterrorizaste como amenaza inminente quizá nunca vaya a llegar; desde luego no ha llegado aún. En consecuencia, hay temores que nos torturan más de lo que deben; otros nos torturan antes de lo que deben; otros nos torturan cuando no deberían hacerlo en absoluto: o aumentamos nuestro dolor, o lo anticipamos, o nos lo inventamos.[80]

El miedo produce dolor e infelicidad. Tendemos a anticipar y acrecentar los miedos en lugar de encajar los problemas que se puedan presentar en la vida como un reto, en lugar de buscar una solución, de estar dispuestos al esfuerzo que se deba hacer para afrontarlos. Falta optimismo y ver las cosas en clave positiva para procurar resolver cualquier situación que se presente en la vida. Solemos sufrir más de la cuenta por nuestros temores, sufrir por pensar que vendrán, es decir, anticiparlos y, a veces, como dice Séneca sufrimos por imaginar miedos que luego no se producirán. Esta actitud negativa y pesimista es motivo, en ocasiones, de depresión o tristeza, que nos alejan enormemente de la felicidad. Séneca nos diría que hay que ser previsor, pero que hay que resolver los problemas cuando se presenten, no sufrir continuamente por miedos, posibles, imaginados o imposibles. No debemos vivir siempre angustiados por lo que nos pueda pasar o no.

> Las fieras huyen de los peligros que ven. Cuando han huido están seguras. Nosotros en cambio nos angustiamos por el futuro y el pasado. Muchos de nuestros bienes nos perjudican, pues la memoria nos hace revivir el sufrimiento y nuestra capacidad

> de previsión lo anticipa; nadie es desgraciado solo por las cosas presentes.[81]

Los psicólogos actuales coinciden en que este tipo de miedos son más irracionales que reales. De hecho, hay estudios estadísticos que indican que más del noventa por ciento de las situaciones futuras que originan estos temores no llegan a producirse nunca. Desde la ciencia se da validez a una de las afirmaciones que Séneca hizo en su día de modo intuitivo, con su experiencia y conocimiento de entonces. Pero también la ciencia actual avisa de las consecuencias de estos miedos irracionales que hoy se fomentan en nuestras sociedades, avivados como un fuego por el alarmismo en que nos hacen caer los medios de comunicación de masas y las redes sociales. Ese temor al futuro provoca en las personas que no están avisadas, como sí lo estaban los estoicos de tiempos de Séneca, una sensación de descontrol sobre las amenazas que viven, de impotencia ante lo que nos pueda deparar el futuro. Sabemos que ese estado de continua alerta, unido al estrés, produce la segregación de cortisol en nuestras glándulas suprarrenales y afecta a la hipófisis de nuestro cerebro de modo negativo, pues está demostrado por la moderna neurociencia que esta segregación continua de cortisol origina cuadros de ansiedad, angustia y depresión, enfermedades por desgracia muy frecuentes en nuestras sociedades actuales. La receta de Séneca es controlar esos pensamientos irracionales, meditar y reflexionar sobre su falacia, fortalecernos y entrenarnos en afrontar esos miedos hasta vencerlos, racionalizarlos, entender que son imaginaciones, fantasías, como decían los griegos. No son amenazas reales, sino que nacen de una emoción que no está controlada ni ha pasado por el filtro de la razón.

Séneca explica que no hay que anticipar los problemas ni sufrir con la idea de que las cosas vayan a salir mal. Lo que hay que hacer es estar preparado para resolverlos cuando se presenten. O, al menos, estar dispuestos a luchar por solucionarlos. La palabra *problema* induce inmediatamente a pensar en un conflicto, a empantanarnos en una situación en la que nos vemos encerrados y nos angustia. Pero ese no es su significado etimológico. En griego *pro* indica delante y *blema*, del verbo *blepo*, significa mirar. El problema es un reto, consiste en mirar adelante y buscar salida a un conflicto. Es una oportunidad para aplicar la inteligencia e imaginar soluciones, sin angustias, con la tranquilidad con que resolvemos un sudoku o un crucigrama. Si logramos enfocarlo así, será más fácil y menos angustioso enfrentarse a las dificultades de nuestra vida.

Y, en todo caso, los problemas tienen la importancia que queramos darles. Aquella sentencia tan oriental y estoica dice: ¿Si el problema tiene solución por qué te preocupas, y si no la tiene, por qué te preocupas? Es decir, si hay solución, búscala; si no la hay, acéptalo y aprende a perder con deportividad, pero la respuesta no debe ser en ningún caso la preocupación y la angustia. Asimilar este pensamiento no es fácil, porque requiere entrenamiento y supone un gran esfuerzo de resistencia.

7. El esfuerzo y la resistencia

> Me muestro como una roca aislada en medio de un mar agitado, que las olas no dejan de azotar, por cualquier lado que se muevan; y no por ello la conmueven ni la desgastan con tantos siglos de continuos embates. Asaltad, acometed: os venceré resistiendo.[82]

Una de las metáforas más conocidas del estoicismo es la del acantilado que resiste el continuo embate de las olas. La emplea Séneca de forma magistral y un siglo más tarde la usará igualmente Marco Aurelio:

> Ser igual que el promontorio contra el que sin interrupción se estrellan las olas. Este se mantiene firme, y en torno a él se adormece la espuma del oleaje.[83]

La ética permite afrontar las dificultades con fortaleza, como el acantilado aguanta el azote de las olas. Esta idea refleja la importancia de la resistencia en el pensamiento estoico. Séneca y el estoicismo en general invitan a interpretar la vida como una oportunidad. La adversidad se contempla con valor, con el deber de afrontarla y hacerse así más fuerte, mejorar como ser humano. Es una idea que ya plasmó el padre de Séneca, en su libro *Controversias y Suasorias*:

¡Qué grandes hombres son los que no saben sucumbir a la fortuna y convierten la adversidad en una forma de entrenar su valor! [84]

Hablamos de la fuerza de la razón, de la voluntad y la inteligencia. Esos son los instrumentos para la felicidad. Por eso, el papel que concede Séneca a la razón humana es esencial para la búsqueda de la felicidad: es el elemento clave para nuestra propia construcción personal.

> Es feliz, por tanto, el que piensa con sensatez; es feliz quien está contento con las circunstancias que se le presentan, sean las que sean, y es amigo de sus bienes. Es feliz aquel para quien la razón es la que da sentido a todas las cosas de su vida.[85]

Reflexionar tranquilamente sobre lo que somos y poseemos, con sensatez, dar sentido a las cosas de nuestra propia vida, apreciar lo que tenemos, pensar y valorar las situaciones que se nos presentan, todo eso nos ayuda a ser más conscientes de nuestras ventajas, de nuestros puntos positivos y, a partir de ahí, mejorar.

Séneca sabe que la vida es un entrenamiento en el fortalecimiento de nuestro propio ser. Un camino en que hay que esforzarse, aprender a frustrarse, como hacía Diógenes, y resistir, actitudes de vital importancia para poder llevar una vida autónoma y en libertad, que está en la base de la felicidad estoica:

> Es feliz no aquel a quien se le considera tal, a quien afluyó mucho dinero, sino aquel que todo el bien lo tiene en su alma, noble, distinguido, que pisotea lo que deslumbra a la gente, que no ve ningún mortal con quien desee intercambiar su destino, que aprecia al hombre solo por aquellos rasgos que hacen de él un hombre, que aprovecha el magisterio de la naturaleza, que se modela conforme a sus dictados y vive tal como ella prescribe; a quien ningún poder arrebata sus bienes, sino que él transforma en bien los males, firme en su juicio, inquebrantable, intrépido; al que, si alguna violencia puede conmover, ninguna le perturba;

> al que la fortuna, cuando lanza contra él, con sumo ímpetu, el dardo más nocivo que posee, sólo le punza, no le hiere, y esto aun raras veces; porque los restantes dardos de ella, que hacen sucumbir al género humano, rebotan en él a la manera del granizo que, caído sobre el tejado, sin perjuicio alguno para sus moradores, cruje y se disuelve.[86]

La vida es fortalecimiento y resistencia. Libertad para elegir el camino. Sobriedad para entender que no necesito una cuenta corriente millonaria, sino inteligencia y voluntad para vivir con libertad.

Séneca explica con ejemplos claros la importancia de afrontar los problemas de la vida con valentía, sin perder los nervios, con la ayuda de la razón, de la reflexión y del conocimiento de la realidad.

> Que lo que más valoramos escale a una altura desde donde ninguna fuerza lo abata, donde no tenga acceso ni el dolor ni la esperanza ni el temor, ni ninguna otra cosa que pueda amenazar sus derechos como bien supremo. Solo la razón puede llegar tan alto. Solo con su paso se ha de vencer esta escalada; la virtud permanecerá firme, con valentía, y sabrá soportar lo que haya de venir, no solo con paciencia sino de buen grado. Y sabrá que toda dificultad en la vida es ley de la naturaleza. Y, como el buen soldado, soportará las heridas, contará sus cicatrices y al morir traspasado por las flechas amará al general por quien cae; tendrá grabado en su espíritu aquel viejo precepto: Sigue tu destino. Por el contrario, quien se queja, llora y gime es obligado a hacer por la fuerza lo que está mandado y es arrastrado en contra de su voluntad a cumplir las mismas órdenes. ¡Qué locura es preferir ser arrastrado a marchar por tu propio pie! ¡Por Hércules! ¡Qué necedad e ignorancia de nuestra propia condición es dolerse porque te falte algo o se te presente una gran dificultad, o extrañarse o indignarse por lo que le sucede a los demás; me refiero a enfermedades, muertes, desvalimientos y demás obstáculos que acontecen en el transcurso de la vida humana!

> Afrontemos con valentía lo que haya que sufrirse por la propia configuración del Universo: a este juramento nos hemos comprometido: soportar nuestra condición mortal y no angustiarnos por lo que no está en nuestra mano evitar. Hemos nacido sujetos a unas leyes: en obedecer a ese destino consiste nuestra libertad.[87]

Esta es una paradoja muy del gusto de Séneca: obedecer a nuestra razón nos hace libres. Lo dice con una sentencia que hay que saber interpretar: *deo parere libertas est*, la libertad es obedecer a la razón, considerada como divina. Tras esta frase se encuentra uno de los preceptos más importantes del estoicismo: discernir entre lo que está en mi mano y lo que no, es decir, saber delimitar los hechos que dependen de mi decisión libre y aquellas otras cosas que no dependen de mí ni yo puedo cambiar. Por ejemplo, no podemos elegir el lugar donde nacemos, pero sí el lugar en que deseamos vivir. Hay cosas en la vida que nos vienen dadas, otras están en nuestra mano. Si me angustio por lo que no puedo cambiar, actuaré como un estúpido. Seré como un niño pequeño que quisiera que el planeta dejara de dar vueltas alrededor del Sol. Preocuparse y angustiarse por lo que no está en nuestra mano es una actitud que nos lleva a la infelicidad. Séneca lo deja muy claro en esta última frase: *Hemos nacido sujetos a unas leyes: en obedecer a ese destino consiste nuestra libertad.* Y la paradoja es solo aparente, un recurso para que nos fijemos más en el sentido de sus palabras. Obedecer al destino, es decir, aceptar que hay cosas que no están en nuestra mano, acatar esa realidad nos permite la libertad de elegir plenamente todo aquello que sí está en mi mano hacer o decidir.

Ese es el sentido del determinismo estoico, del poder del destino. No se trata de resignación, sino de adaptación a la realidad, algo que tanto física como psicológicamente nos ha permitido sobrevivir como especie: adaptarnos. *¡Qué locura es preferir ser arrastrado a marchar por tu propio pie!,* dice Séneca y lo dirá de forma más breve aún en una de sus famosas sentencias: *ducunt* *volentem fata, nolentem trahunt*»,[88] es decir, el destino guía al que lo acepta, arrastra contra su voluntad al que no.

Esta interpretación del destino como las fuerzas o circunstancias que no están a nuestro alcance, como aquello que nos viene dado y no está en nuestro poder cambiar, permite poner la atención en aquello que sí podemos hacer, en todo aquello que sí depende de nuestra decisión libre, de nuestra actuación. No restringe nuestro ámbito de acción, sino que lo focaliza, lo sitúa con claridad, nos facilita centrarnos en lo que sí está en nuestra mano. Y todo esto nos lo hace ver la razón, que es donde se asienta la verdadera felicidad:

> En consecuencia, la verdadera felicidad se asienta en la virtud de la razón.[89]

La idea la repite con diferentes fórmulas, con esas aparentes contradicciones tan del gusto de Séneca: *Si quieres que todo se te someta, sométete tú a la razón.*[90] Acercarse a la razón, al perfeccionamiento interior, permite al ser humano colocarse en un ámbito superior:

> ¿Qué te promete a cambio de este esfuerzo? Recompensas enormes e iguales a las que gozan los dioses: a nada serás forzado, de nada carecerás, serás libre, protegido, indemne: nada acometerás en vano, nada podrán impedirte, todo sucederá según tus planes, nada sucederá en contra de tu voluntad, nada en contra de tu opinión y deseo.[91]

En esto hay distintos grados de libertad y felicidad. No olvidemos que depende del esfuerzo que haga cada uno. Y como mortales nunca estamos libres de los caprichos de la diosa Fortuna.

> Pero el que busca el camino de la virtud, incluso aunque haya avanzado un gran trecho, necesita de cierta indulgencia de la fortuna mientras siga luchando en el mundo de los vivos, hasta que quede liberado de todo vínculo mortal. ¿Qué los diferencia,

entonces? Que unos están atados a conciencia, otros amarrados, algunos incluso amordazados; en cambio, el que ha avanzado hasta lugares elevados y se aúpa más alto aún, ese arrastra muy flojas ataduras: aún no es libre pero ya puede considerarse libre.[92]

La libertad y la felicidad se consiguen tras el esfuerzo y la voluntad. Seguramente no llegaremos nunca a ese estado de la perfecta sabiduría. Es una utopía, que, como todas, ayudan a mejorar, aunque nunca se llegue a la meta final. Pero Séneca nos anima siempre a perseverar en ese empeño. A pesar de que no consigamos el objetivo, ya, de por sí, es honorable haberlo intentado. Hay que esforzarse, aunque uno fracase: otra gran lección del estoicismo que nos recuerda al cínico Diógenes pidiendo limosna a una estatua.

> Toma ejemplo de quienes se esfuerzan por alcanzar grandes metas, aunque caigan en el empeño. Es muy digno aspirar a empresas elevadas mirando no solo sus propias fuerzas sino las de su naturaleza y concebir en la mente objetivos mayores incluso que los que pueden ser abordados por espíritus más grandes. Quien, en su fuero interno, se ha propuesto lo siguiente: Yo miraré a la muerte con el mismo semblante con el que oigo hablar de ella. Yo cumpliré mis obligaciones, por mucho esfuerzo que requieran, reforzando el cuerpo con el espíritu. Yo menospreciaré por igual las riquezas que tengo como las que no tengo: no estaré más triste si caen en otro lugar ni más alegre porque refuljan a mi alrededor. Yo no seré juguete de la fortuna, ni cuando llegue ni cuando se aparte de mí; Yo miraré todas las tierras como si fueran mías, las mías como si fueran de todos. Yo viviré como quien sabe que ha nacido para los otros y daré gracias por ello a la naturaleza: pues ¿de qué modo ha podido buscarme mejor misión? Me ha dado a mí solo para todos los demás y a todos los demás para mí solo. Lo que tenga ni lo guardaré con avaricia ni lo gastaré con derroche; estaré convencido de no poseer sino lo que he sabido dar bien. No llevaré las cuentas de los beneficios que haga por su número ni por su cantidad ni por ninguna otra

valoración que no sea la del que los recibe. Nunca pensaré que es mucho lo que reciba quien sea digno de ello. Nada haré por la fama, todo por mi conciencia. Actuaré en mis asuntos particulares como si me observara toda la gente. Beberé y comeré hasta aplacar los deseos de la naturaleza, no para atiborrar el vientre y vaciarlo. Seré afable con mis amigos, suave y de fácil trato con mis enemigos. Cederé antes de que tengan que rogarme y me adelantaré a los ruegos que sean honestos. Sabré que mi patria es el mundo y que los dioses lo dirigen, situados en torno a mí y a mi alrededor como jueces de mis palabras y acciones. Y cuando la naturaleza reclame mi espíritu o la razón lo deje marchar, me iré dejando testimonio de que he amado la buena conciencia, las buenas inclinaciones, de que por mi causa no se ha restringido la libertad de nadie, y menos aún la mía. Quien se proponga hacer todo esto, quien tenga voluntad para ello y lo intente con todas sus fuerzas se acercará a los dioses, y, si al final no lo logra, al menos habrá caído habiendo intentando alcanzar lo más alto.[93]

Un texto muy interesante que se puede aplicar a cualquier época, en especial la nuestra. Veamos algunas frases por separado

a) Toma ejemplo de quienes se esfuerzan por alcanzar grandes metas, aunque caigan en el empeño.

Es lo que hoy llamamos resiliencia, un ejemplo positivo del esfuerzo, lejos de la pereza o el enchufismo que corrompe las sociedades y los individuos.

b) Yo miraré a la muerte con el mismo semblante con el que oigo hablar de ella.

No tener miedo permite la libertad y la felicidad. Y uno de los mayores temores es y ha sido siempre tener miedo a la muerte. No debe ser así: hay que verla como algo natural. Nunca debe ser motivo de angustia. Pensar en ella no nos debe apartar de disfrutar de las cosas bellas que ofrece la vida.

c) Yo cumpliré mis obligaciones, por mucho esfuerzo que requieran, reforzando el cuerpo con el espíritu.

La salud de las sociedades se garantiza con la responsabilidad y con que los ciudadanos cumplamos nuestras obligaciones. La salud del individuo se consigue con el cuidado de la mente y el cuerpo. Ambas ideas se unen y resumen en esta frase de Séneca.

d) Yo menospreciaré por igual las riquezas que tengo como las que no tengo.

Menospreciar significa eso, apreciar menos. Consiste en no valorar el dinero por encima de mi propia dignidad, por ejemplo. Un precepto que nos conduce a la libertad y felicidad, pero que no siguen muchos en un mundo como hoy, materialista y avaro, donde tener dinero parece ser la principal prioridad.

e) Yo no seré juguete de la fortuna, ni cuando llegue ni cuando se aparte de mí.

Séneca nos dice claramente que no hay que buscar la felicidad en la suerte sino en uno mismo.

f) Yo miraré todas las tierras como si fueran mías, las mías como si fueran de todos.

El mundo es de todos y debemos compartirlo en equidad.

g) Yo viviré como quien sabe que ha nacido para los otros y daré gracias por ello a la naturaleza: pues ¿de qué modo ha podido buscarme mejor misión? Me ha dado a mí solo para todos los demás y a todos los demás para mí solo.

Este es el verdadero sentido de la fraternidad y solidaridad. La solidaridad lleva también a la felicidad, es decir, ver felices a los demás redunda en nuestra propia felicidad.

h) Lo que tenga ni lo guardaré con avaricia ni lo gastaré con derroche.

Invita a la moderación en la riqueza: hay que manejar el dinero sin avaricia ni derroche.

i) Nada haré por la fama, todo por mi conciencia.

Hoy todo el mundo piensa «que hablen de mí, aunque sea mal». Vivimos en una sociedad en que se quiere brillar, llamar la atención, aunque sea a costa de vender nuestra intimidad en internet o mercadear con la dignidad de los demás. Queremos la fama, en vez de trabajar con esfuerzo: esos valores solo llevan al vicio y la decadencia.

j) Actuaré en mis asuntos particulares como si me observara toda la gente.

Séneca habla de la honestidad. Es algo que muy pocos hacen hoy, en una sociedad del engaño y de la doblez como la nuestra.

k) Beberé y comeré hasta aplacar los deseos de la naturaleza, no para atiborrar el vientre y vaciarlo.

Es evidente que la moderación en el comer y beber es garantía de salud y felicidad.

l) Seré afable con mis amigos, suave y de fácil trato con mis enemigos.

La violencia es muestra de debilidad y miedo. En cambio, la afabilidad y amabilidad con los demás es síntoma de fortaleza.

m) Cederé antes de que tengan que rogarme y me adelantaré a los ruegos que sean honestos.

No hay que humillar a nadie: eso refleja mucha podredumbre moral.

n) Sabré que mi patria es el mundo

Los nacionalismos han sido responsables de muchas guerras a lo largo de la historia. Son miopes y estúpidos. No conducen a la felicidad, sino al supremacismo ignorante.

ñ) Y cuando la naturaleza reclame mi espíritu o la razón lo deje marchar me iré dejando testimonio de que he amado la buena con-

ciencia, las buenas inclinaciones, de que por mi causa no se ha restringido la libertad de nadie, y menos aún la mía.

Séneca nos invita aquí a terminar la vida con el mejor currículum: haber sido una buena persona, no haber dañado o faltado a la libertad de nadie, menos a la propia.

o) Quien se proponga hacer todo esto, quien tenga voluntad para ello y lo intente con todas sus fuerzas se acercará a los dioses, y, si al final no lo logra, al menos habrá caído habiendo intentando alcanzar lo más alto.

Por último, Séneca nos ha hablado del heroísmo moral.

Pero no olvidemos que todo esto son recomendaciones. La sabiduría está ahí para quien la quiera aplicar. Nadie está obligado a seguir este camino de esfuerzo y felicidad. Séneca no es dogmático. Cuando Lucilio le pide sus libros para aprender de su filosofía, él le responde que se los enviará pero que no abandone nunca la capacidad de pensar por sí mismo:

> Pero, leas los que leas, léelos como si yo investigara aún la verdad sin haber llegado a conocerla y la investigara con tenacidad. Pues no me he sometido a ninguna escuela, ni llevo el nombre de maestro alguno. Doy mucho crédito a las opiniones de los grandes genios; pero algo también reivindico para las mías. Porque tampoco ellos nos legaron verdades definitivas, sino verdades que descubrir.[94]

8. *La existencia del bien y la banalidad del mal*

El bien y el mal son parte de la vida. El mal existe por naturaleza y es inevitable encontrarse con él. Según la cosmología estoica, el mundo y la materia han existido desde siempre, una idea filosófica que se acerca a lo que hoy defiende la ciencia. El estoicismo no se plantea, por tanto, el origen del mal o la responsabilidad de su existencia. Todo es material y corpóreo, incluso su idea de divinidad, cuyo papel ha sido moldear esa materia, organizarla en un orden coherente que el ser humano observa a simple vista: el ciclo de las estaciones, las órbitas de los planetas, etc. Pero el dios estoico no es responsable del mal en tanto no lo ha creado; el mal se analiza como parte de la vida misma. Por eso Marco Aurelio lo dice con total claridad:

> ¿Puede realmente dejar de haber malvados en el mundo? No es posible. Entonces, no pidas imposibles.[95]

Pero el malvado, como diría Sócrates, es un ignorante que desconoce el camino de la felicidad. Por eso la mejor opción es decantarse por el bien. La famosa idea de Sócrates que defenderán sus discípulos y especialmente los estoicos reconoce la existencia del mal, de la envidia, de la violencia. Pero entiende inmediatamente que esa es una actitud estúpida, porque acarrea grandes dosis de infelicidad a los demás y a quien la provoca. Esa es una valoración intelectual del bien y el mal, a la que podemos llegar a través del pensamiento y la racionalidad. Por eso, como dicen estos sabios estoicos, hay que aprender a convivir con la estupidez, reconocerla, apartarla de nosotros y saber buscar el camino de la inteligencia moral, es decir, el camino de la felicidad:

> ¿Qué es lo que debe impulsar nuestro afán? Un pensamiento justo, el bien común, un lenguaje incapaz de engañar.[96]

El bien es algo que está en nuestro interior, es parte de nuestra naturaleza y de la armonía del mundo. Con inteligencia y sabiduría estoicas se aprende a buscar esa fuente de felicidad:

> Cava en tu interior. Dentro se halla la fuente del bien, y es una fuente capaz de brotar continuamente, si no dejas de excavar.[97]

Hay personas que consideran que la bondad es ingenua, pacata y santurrona. Creen que la satisfacción de algún instinto primario como la venganza, la ira o la dominación les reporta placer y felicidad, pero confunden los términos. La felicidad no es un momento puntual de gozo sino el proyecto de toda una vida, un sentimiento sostenido en el tiempo que cuida de nuestra salud humana y mental. Incluso los defensores del placer como fuente de felicidad, los famosos epicúreos, consideraban que los placeres que debemos buscar son aquellos que nos proporcionen satisfacción a largo plazo y nos permitan seguir disfrutando de ellos. Hay que huir de placeres momentáneos, poderosos y adictivos, si van a minar nuestra salud física o mental, si van a impedir que sigamos disfrutando de la vida. En este aspecto, aquellos epicúreos, adalides del deleite, sensatos y sabios, despreciarían hoy el mundo de las adicciones y las drogas: son placeres momentáneos, que nublan la mente y minan el cuerpo, que nos convierten en sus esclavos, no en sus dueños; no los poseemos, sino que nos poseen, y lo más grave, hunden nuestra salud y nuestro ser.

El estoicismo nos ofrece un camino de libertad y felicidad, un dominio de uno mismo lejos de cualquier tipo de esclavitud, física o psicológica, por eso es enemigo acérrimo de cualquier adicción, entendida como esclavitud y destrucción. Séneca estaría en contra de un pensamiento muy corriente en el mundo actual: la banalización del consumo de drogas. Hoy día es frecuente oír hablar de drogas blandas, de que no pasa nada por consumir esporádicamente, o en fines de semana. El hecho se justifica diciendo que todo el mundo lo hace, que no será tan malo, que es divertido, que alucinas y da placer. Y mientras banalizamos este mal, las consultas se llenan de problemas de adicción al alcohol, porros, cocaína y otras drogas. Y muchos adolescentes destruyen su vida antes de empezar a vivir.

Hemos visto cómo Séneca ha insistido en el control de nuestras pasiones y placeres. Somos como el capitán que maneja el timón del barco: no podemos dejar que vaya a la deriva. En ese caso, habríamos renunciado a nuestra humanidad, a aquello que nos diferencia del resto de los animales. Y mucha gente renuncia, pero nunca es tarde para volver a tomar el timón de nuestras vidas. Toda persona tiene capacidad para cambiar y cambiarse a sí misma. Y la elección es nuestra. Los caminos que tomamos, la voluntad, el esfuerzo, serán quienes nos proporcionen una vida feliz o nos lleven, como barcos a la deriva, por un océano de angustia e infelicidad. Las personas nos estamos construyendo continuamente día a día. Y cualquier momento es bueno para cambiar nuestra mentalidad. El bien es inteligencia y proporciona felicidad. No sentir envidia por lo ajeno y alegrarse del bien de los demás repercute al final en nuestra propia felicidad. Pero si los vicios están bien arraigados, cada vez es más difícil despreciar lo aparente y falso, la arrogancia, el deseo de poder, de dinero, de fama o de dominio. En este caso, habríamos errado el camino y cuanto más insistamos en ello más nos alejaremos de esa senda que conduce hacia la dicha. Estos vicios se ven hoy día como una vía de placer, como algo deseable, que marca consciente e inconscientemente la prioridad de nuestras vidas y, ante esta actitud mental, es muy difícil entender que la verdadera felicidad está en el amor, en la serenidad, en el valor de nuestras relaciones personales. No darse cuenta de esto nos causa mucho daño y nos aparta del camino. Mantener actitudes agresivas, llenas de ira, destructivas o irracionales nos proporcionará fuertes dosis de infelicidad y nos llevará a la depresión, la ansiedad, la ira o la rabia. No olvidemos lo que decía Séneca, la violencia nace de la debilidad.

> ¿No pronuncian los hombres airados algunas expresiones... como aquella espantosa y abominable: «Que me odien con tal que me teman» ... No sé qué fue lo peor que deseó para sí, si provocar odio o miedo. «Que me odien». Era obvia para él la continuación, que lo maldecirían, lo acecharían, lo aplastarían: ¿qué añadió?... «Con tal que me teman». Así no querría yo ni siquiera ser amado. ¿Piensas que esto fue dicho por un gran espíritu? Te equivocas; pues esto no es grandeza sino estupidez. No creas en las palabras de los que se encolerizan: sus estallidos son atroces y amenazadores, pero por dentro su mente esta aterrorizada.[98]

Séneca está hablando de Calígula, un tirano que es símbolo de la crueldad y el endiosamiento, adicto a todo tipo de drogas y vicios. De él hace un fino análisis psicológico que se resume en las últimas líneas: los coléricos, los que amenazan con la violencia, los que se dejan llevar por la ira solo dejan traslucir su miedo «*por dentro su mente esta aterrorizada*».

Calígula vivía como un dios, fue el primer emperador romano en optar claramente por la tiranía, hasta extremos que hoy consideraríamos paranoicos. Su ira le llevó a matar a muchas personas por pura venganza o capricho. Disfrutaba de todos los placeres, drogas, vino, sexo. Satisfacía todas sus extravagancias, pero nunca fue feliz. Decidió condenar a muerte a Séneca porque no le gustaba lo que escribía, pero una mujer de su círculo cercano logró que cambiara de opinión. Le dijo que era un hombre enfermo, con continuas crisis asmáticas, lo que era cierto, y le propuso que esperara a que la naturaleza acabara con aquel filósofo y senador incómodo, para que no disminuyera la popularidad de Calígula con aquel crimen injusto. Así se libró Séneca de la primera de sus tres condenas a muerte, delitos todos ellos de carácter político, porque el cordobés siempre siguió defendiendo las libertades y la justicia frente a déspotas como Calígula, Claudio o Nerón. Aquel emperador que quiso matar a Séneca fue asesinado antes de cumplir cuatro años al mando del Imperio romano. Vivía torturado, con grandes remordimientos y dolores de cabeza. Aunque fuera el hombre más poderoso del mundo, siempre fue un infeliz.

En la vida, hay que saber tomar distancia de este tipo de necios. Hay que acercarse a los afines, a los honestos y alejarse de las relaciones tóxicas. En el mundo que nos rodea y, más aún, en una sociedad tan compleja como la de hoy, hay muchas personas que, imbuidas de un materialismo feroz, actúan en todo momento de manera egoísta y llegan a ser emocionalmente destructivas. El daño que producen sobre otros es enorme. En gran medida son actitudes estúpidas que se transmiten de padres a hijos, a través de la cultura o la tradición. Heredadas sin reflexión, sin capacidad crítica, normalmente el individuo no las analiza, no las pone en cuestión, no las valora por venir de la tradición o la familia. Por ese componente emocional añadido, son aceptadas sin cuestionamiento, suelen ser más enconadas y se fijan en el espíritu con empecinamiento. Estas actitudes egoístas y estúpidas son las más difíciles de desarraigar, de ahí que Séneca explique, ante todo, que cuando más tiempo equivoquemos el camino más difícil nos será adoptar el modo de vida que nos conduzca a la felicidad. Estaríamos caminando en sentido contrario a ese conocimiento positivo que propone el filósofo estoico.

9. Seguir a la razón no significa ser enemigo de las pasiones

Aunque el uso de la razón es la vía de acceso a una vida feliz, no por ello encontraremos en Séneca un desprecio por lo puramente material. Los goces, los dones de la vida y la naturaleza, los placeres corporales no son el enemigo. Pero nunca se les debe dejar al mando. Son tropas auxiliares, nunca los generales que puedan dirigir el ejército para conquistar la felicidad.

> Así pues, lo mismo es vivir feliz que vivir acorde con la naturaleza. Te lo explicaré: Si conservamos con esmero y sin temor nuestro cuerpo y los dones de la naturaleza como bienes fugaces que nos han sido otorgados por un tiempo establecido, si no nos rebajamos a su servidumbre ni nos dejamos poseer por lo que nos es ajeno, si los placeres corporales que nos han sido dados los usamos igual que las tropas auxiliares y ligeras en un campamento militar —para que sirvan, no para que manden— así serán útiles al espíritu.[99]

Para que mande la razón, primero hay que tener el convencimiento de que así es como caminaremos hacia la felicidad y, en segundo lugar, hay que tener voluntad para recorrer ese camino.

> No se deje corromper el hombre por cosas externas a él, que nada lo venza, que admire por encima de todo lo suyo, «confiado en su ánimo y preparado para lo uno y lo otro», artífice de su propia vida; que su confianza no carezca de inteligencia, ni

> su inteligencia de constancia; que sus decisiones las mantenga y no tenga que corregir sus acciones. Se comprende, incluso sin decirlo, que tal hombre será ordenado y ecuánime, y todo lo que lleve a cabo lo hará con grandeza y serenidad.[100]

Pero todo esto se hará si tenemos claro qué somos y qué queremos ser. Si somos seres racionales y nos comportamos como tales, obtendremos una vida más feliz desarrollando nuestras potencialidades y planteándonos una propuesta de vida sensata, que se ajuste a nuestra naturaleza.

> A quienes ha tocado en suerte una naturaleza racional, ¿qué mejor propuesta en la vida se le puede hacer que la propia razón? Y si gusta acompañarla del placer, si agrada buscar una vida feliz con su compañía, que la razón vaya por delante y le acompañe el placer, que le siga como la sombra al cuerpo: entregar la virtud, que es la señora más excelsa y hacerla esclava del placer sería propio de un espíritu incapaz de concebir nada grande.[101]

Séneca es un hombre pragmático. No pretende eliminar de raíz los placeres ni critica sin matices el dinero ni las comodidades de la vida, como pudieron hacer otros estoicos que le precedieron. Lo importante para él es que la razón siempre mande, que todo lo demás esté subordinado a nuestra propia voluntad racional. Ese camino garantiza la libertad y asegura la felicidad.

> Que primero vaya la virtud, que lleve ella el estandarte: nos acompañará el placer, pero seremos dueños y administradores de él; algo conseguirá de nosotros, pero no nos forzará a nada que no queramos. Por el contrario, quienes han entregado el mando al placer carecen de ambas cosas: de mando y de placer. Pierden el control y además no poseen los placeres, sino que los placeres los poseen a ellos: por su escasez se atormentan o en su abundancia se ahogan; son desgraciados si los placeres los abandonan, más desgraciados aún si los asfixian; igual que los marinos zarandeados en el mar de las Sirtes unas veces son arrojados a la seca costa, otras son arrollados por las violentas olas.[102]

No olvidemos que Séneca es también poeta. Sus comparaciones y símiles son de gran altura literaria y sirven para dejar más claro aún su pensamiento.

> Les sucede esto a causa de una excesiva falta de templanza y por ciego amor a los placeres, pues para aquel que persigue lo malo en lugar de lo bueno, peligroso es alcanzarlo. Igual que cazamos fieras con esfuerzo y riesgo, y cuando las hemos atrapado su posesión nos debe mantener alerta —pues a veces destrozan a sus dueños— así sucede con los grandes placeres: han llegado a convertirse en un gran mal y, una vez conquistados, han conquistado a su dueño; y cuanto más numerosos y grandes se hacen, más pequeño llega a ser su esclavo, un siervo de muchos amos a quien el vulgo llama feliz.[103]

Y continúa con la metáfora para explicarlo más claro aún:

> Me gustaría extenderme aún más en esta comparación: del mismo modo que algunos disfrutan sobremanera buscando las guaridas de las fieras y capturándolas con un lazo. Igual que cercan los anchos bosques con perros de caza para seguir sus huellas, dejando de lado ocupaciones mejores y renunciando a muchas otras actividades, así, quien persigue a toda costa los placeres, pospone todo lo demás y desprecia ante todo su propia libertad y solo presta atención a sus apetitos y no compra placeres para su beneficio, sino que se vende él a los placeres.[104]

Esa pérdida de libertad, ser esclavo de los placeres, del dinero, de cualquier cosa que no sea nuestra propia persona y nuestra inteligencia es el camino más directo hacia la infelicidad. Para Séneca felicidad y libertad van de la mano. No se entiende la una sin la otra. Igual que diría que podemos ser felices, si nos lo proponemos, también dice que lucharemos por nuestra libertad si nos convencemos de su importancia, de su valía:

> La libertad…, invencible si sabe que no hay nada más valioso que ella.[105]

10. El destino y el dios de los estoicos

El mundo antiguo creía en el poder del destino y, por supuesto, los estoicos también. Para ellos era una fuerza que se encontraba incluso por encima de los propios dioses, por eso es un concepto que hay que matizar.

Muchos piensan hoy que no existe el destino, que es una idea antigua y falsa. Otros sí creen en él, con verdadero fervor, pero la mayoría lo entiende como una cuestión religiosa donde el dedo de Dios va marcando los renglones escritos de lo que ha de suceder. Hoy día, seguimos creyendo en el destino, aunque no lo parezca: por ejemplo, quienes consultan el horóscopo o las cartas astrales creen en el destino; quienes piensan que los que nacen en cierto ambiente social están destinados a jugar con desventaja creen en el determinismo social o económico, e incluso en el biológico, si asimilamos la idea del destino a un condicionamiento genético. En el mundo antiguo el destino tiene otra concepción diferente, distinta, que hemos apuntado en las páginas anteriores, porque tiene importantes repercusiones sobre la felicidad. Hemos visto que, para los estoicos, el destino es el conjunto de leyes que rigen el universo, lo que hace que la realidad sea como es. Esa fuerza existe, a ella pertenece todo aquello que no está en nuestra mano cambiar, y, por tanto, es una idea esencial para entender aquel postulado estoico que nos habla de la trascendental diferencia entre lo que depende de mí y aquello que no depende de mí.

a) El Dios de los estoicos

Hemos visto que Séneca entiende la razón humana como algo divino que nos hace partícipes del orden del cosmos, que nos incluye en ese club selecto de lo divino como alma del universo. El estoicismo es una filosofía espiritualista, que habla de Dios y el alma, pero donde todo es corpóreo y material. Por eso encaja tan bien en nuestro mundo de hoy, materialista pero necesitado de espiritualidad. En el caso de los estoicos, Dios se identifica con la naturaleza, con el orden del mundo, con la máquina que mueve el universo.

El dios de los estoicos no es un dios trascendente. Es el conjunto de causas y efectos que conforman el mundo que conocemos. Dios, destino y providencia son nombres que hablan de lo que no podemos cambiar, de aquello que es imposible que ocurra de otro modo. Por ejemplo, necesitamos aire para vivir o un día toda persona viva se enfrentará a la muerte. Eso no se puede cambiar, eso es lo divino. Pero sí podemos elegir otras cosas, cómo vivir, qué comer, si queremos conocer el estoicismo o no, si queremos seguir leyendo este libro o no… En ese aspecto y en ese ámbito, podemos ser libres. La receta del estoicismo para alcanzar esa libertad consiste en adaptarse a lo divino, a la naturaleza, a la razón universal, de la que todas las personas poseemos una parte: nuestra razón individual.

Es decir, el uso de la razón humana, algo divino, corpóreo y mortal, es lo que tenemos en común con los dioses. Si nos identificamos con esa razón universal, si adaptamos nuestra voluntad al mundo que nos rodea, podremos alcanzar la sabiduría y la felicidad. Si no queremos hacerlo (somos libres) las necesidades nos arrastrarán en contra de nuestra voluntad. El concepto filosófico puede parecer complejo, pero una cosa es evidente: es absurdo pretender lo que no puede ser, ese empecinamiento solo trae infelicidad. Y no hablamos de resignación ni abandono de nuestros sueños, hablamos de adaptarse al entorno, algo que ha permitido nuestra supervivencia como especie durante los últimos millones de años. Estamos hablando de saber dónde estamos y de no pretender imposibles: usar la razón y la voluntad para cambiar la realidad dentro de los límites en que vivimos. Se trata de ser conscientes de los hechos y jugar nuestras cartas de la forma más inteligente posible. Eso, en la vida, estaría cerca de la aceptación del destino y la búsqueda de nuestra libertad, dos conceptos que no son incompatibles sino complementarios. De otro modo, los estoicos creen que no sabremos adaptarnos, no entenderemos el dolor, quizá suframos más y seamos más ignorantes. Pero somos libres de seguir ese camino o cualquier otro, aunque, para Séneca, renegar de la razón y seguir los caminos del instinto o de las pasiones no nos conducirá a la felicidad.

La decisión, en todo caso, es de cada uno. El estoicismo no busca acólitos, acoge al que se imbuye de su filosofía, pero no tiene sacerdotes, ni libros sagrados, ni preceptos ni ritos que cumplir. No hay doctrinas estoicas secretas, ni sectas ni oscurantismo. Sus filósofos se limitan a escribir libros, como hizo Séneca, o a dar clases y no dejar nada escrito, como Epicteto (sus máximas las debemos a los apuntes que tomó un discípulo suyo). En la filosofía estoica no hay coacción sino seducción. Nadie está obligado a nada. No hay pautas ni obligaciones que cumplir. No existen técnicas de meditación, ni de oración ni de psicoterapia, ni tampoco ritos de purificación ni nada por el estilo. Solo hay libros que cada cual puede leer en una búsqueda personal hacia su idea de la libertad, la sabiduría y la felicidad.

El estoicismo no busca trascendencia ni misticismo. No fija su interés en el más allá sino en el más acá: en ser felices en la vida. Para ellos existe el alma, pero es material, como el cuerpo; y ambos se encaminan a la muerte y el olvido. Ante esto, Marco Aurelio explica cómo la sabiduría (filosofía) debe ser nuestra compañera de viaje en la vida:

> El tiempo de la vida humana, un punto; su sustancia, fluyente; su sensación, turbia; la composición de todo el cuerpo, fácil-

mente corruptible; el alma, una peonza, la suerte, difícil de conjeturar; la fama, indescifrable: para decirlo con pocas palabras, todo lo referente al cuerpo, un río; lo referente al alma, sueño y vapor, la vida es guerra y estancia en tierra extranjera, la fama póstuma, olvido. ¿Qué puede acompañarnos en este viaje? Única y exclusivamente la filosofía.[106]

Aun así, el estoicismo no es una doctrina monolítica, sino abierta a las aportaciones o puntos de vista de cada cual. Mantiene que todo es material, también los dioses y las almas, pero tiene un alto sentido de lo sagrado, que identifica con la fuerza que mueve la naturaleza y el universo. Ese pensamiento estoico da cabida tanto a los religiosos como a los ateos de hoy, ya que la religión es una manifestación de lo sagrado. Y en este último punto, pueden coincidir ambas creencias; pues lo sagrado se entiende como la comprensión de que vivimos en un universo maravilloso, que la vida es un milagro, que somos una parte pequeña, frágil, insignificante, de todo lo que nos rodea. Ese sentimiento de fragilidad, de respeto a nuestros límites, de admiración ante el movimiento de ese universo al que pertenecemos, es algo de lo que todos podemos participar. Esa veneración a la naturaleza, a la materia, al universo y a la vida que compartimos podrá vestirla cada cual de los ropajes que guste; podrá sentirla y vivirla dentro de una religión determinada, de una filosofía, de una forma de pensar y construir su vida. Pero todos podemos coincidir en esa visión de la naturaleza, de nuestro papel como humanos dentro de ella, formando parte de ella. Podemos entender así la vida y también la muerte, con o sin trascendencia, desde el respeto a la consideración de lo sagrado que cada uno tenga, de la forma de plasmar esa naturaleza que a todos nos une y de la que formamos parte, y aceptar aquello de lo que solo el ser humano es consciente dentro del mundo de los seres vivos: la muerte. Y podrá entenderse como una pura disgregación o como un tránsito, sin por ello contradecir los postulados del estoicismo. Séneca sueña con una perduración; Marco Aurelio no. Y ambos son dos genios del estoicismo. Ambos procedían de la Bética, hoy en el sur de España, tierra famosa por sus olivos. Por eso, al hablar de la muerte, Marco Aurelio nos pone el ejemplo de ese árbol:

> Por tanto, recorre este pequeñísimo lapso de tiempo obediente a la naturaleza y acaba tu vida alegremente, como la aceituna que, llegada a la sazón, caería elogiando a la tierra que la llevó a la vida y dando gracias al árbol que la produjo.[107]

Séneca tiene el mismo concepto y la misma postura ante la muerte que Marco Aurelio, pero introduce una variante personal, el sueño de eternidad, que es una interpretación tan válida como cualquier otra dentro del estoicismo. Aunque en su obra no se decanta claramente a favor o no de la pervivencia del alma, entiende la necesidad de espiritualidad que sienten muchos y no niega tajantemente la trascendencia. Define la pervivencia del alma en el más allá como un bello sueño y admite la posibilidad de que el alma perviva, al menos un tiempo, más allá del cuerpo. Y en ese pensamiento caben todas las religiones, siempre que no se haga un uso político de ellas, siempre que toda confesión respete a la sociedad civil y no imponga de manera autoritaria sus creencias. Séneca cree que toda religión es aceptable, si respeta el laicismo de los demás, si no busca hacerse dominante, si se somete a los derechos humanos.

b) La importancia de la educación

En la sociedad actual tendemos a no apreciar lo que tenemos, a no darle valor a lo que nos ofrece la vida, ni lo utilizamos como rampa de lanzamiento para alcanzar nuevas metas, en lugar de eso lo despreciamos, o ignoramos, porque nos parece poco. Esto ocurre porque ha calado la envidia y el márquetin en nuestro pensamiento. Se nos ofrecen cosas innecesarias que parecen deseables, y, con la insistencia comercial o la envidia hacia los demás, los publicistas no nos las presentan como algo opcional, sino que pretenden convertirlas en una necesidad perentoria para nuestras vidas. Dicen los psicólogos que el ser humano convierte fácilmente sus deseos en necesidades. Pero, en realidad, esas necesidades no son tales o no son tan apremiantes como parecen. El sabio Diógenes era capaz de vivir con muy poco. Séneca nos dice que tengamos cuidado con nuestros deseos y la sobriedad de los antiguos filósofos nos demuestra que no hay tantas necesidades como quieren hacernos creer. Pero en la sociedad actual, mimados y entre algodones, manipulados y dirigidos con la misma facilidad con que se nos crean falsas necesidades, creemos que nuestros deseos son necesidades ineludibles. Cuanta menos educación emocional tengamos, más fácilmente transformaremos estos deseos y caprichos en urgentes adquisiciones, y esa exigencia nos llevará, si avanza hasta el extremo, a la depresión y la neurosis. Entonces vendrá el temor y la anticipación de las desgracias. El terror, el miedo a la muerte, al fracaso, a la pobreza, nos acosarán.

Pero hoy las nuevas generaciones no se educan emocionalmente leyendo a los antiguos filósofos como Séneca o Diógenes. Hasta hace pocas décadas, la educación emocional e intelectual surgía de los libros, de la religión, de la escuela o de la familia. Hoy los medios audiovisuales, internet, las redes sociales y otros agentes virtuales han usurpado este puesto y ahora nuestros jóvenes se «educan» con *influencers*, *tiktokers* o *coaches*, en la mayoría de los casos de poco peso intelectual y ético, que además multiplican sus mensajes por las redes, viralizándolos y ampliando exponencialmente su influencia sobre el individuo de este primer cuarto del siglo XXI, que está cambiando medios más potentes de desarrollar su personalidad por el mensaje fácil, menos crítico, de más pobreza intelectual y moral, más crispado y fanatizable, que predomina en las redes.[108]

Otros valores muy distintos son los que defiende la filosofía griega, el pensamiento de Séneca o el de aquel Diógenes que se entrenaba en fracasar, y que no es otra cosa que un gran educador que nos habla de la importancia de superar la frustración. El fracaso es parte de la vida. Sin él no hay avances, descubrimientos ni éxitos. Si no educamos en el esfuerzo y la responsabilidad, tendremos cada vez más menores consentidos, niños mimados que se crían sin límites ni responsabilidades, creyendo que lo merecen todo, exigiendo derechos sin dar nada a cambio. *Edúcalos o sopórtalos*, decía Marco Aurelio. La elección es nuestra y no nos damos cuenta. Vivimos en una sociedad donde muchos de sus nuevos y viejos miembros se quejan de todo, no valoran las grandes conquistas sociales, los pequeños logros que se han ido alcanzando con el esfuerzo de sus abuelos o padres. Hoy criamos a los niños convirtiéndolos en personas exigentes, impulsivas, con poca o nula resistencia a la frustración, perezosos y vagos, sin motivación ni iniciativa. Esto los convierte en jóvenes manipuladores, maltratadores; de mayores, siguen siendo niños autoritarios y egoístas, que se creen de vuelta de todo cuando ni siquiera han empezado a vivir. Otros son adultos y ancianos, pero muestran los mismos síntomas de inmadurez, porque como dijo Séneca, lo que no se aprende de joven se ignora de viejo. Todo es fruto de una educación permisiva y sobreprotectora que lleva tiempo de moda. Muchos padres no se toman la molestia o no saben educar emocionalmente a sus hijos. Creen que lo mejor para ellos es consentírselo todo, permitirles su soberbia, darles siempre la razón, eximirlos de responsabilidades, reprender antes al maestro que al alumno, denunciarlo si es preciso, resolverles y disculparles a sus hijos todos sus problemas y faltas. Así fomentan su pereza y debilidad para dirigirlos directamente al abismo de la estupidez y el dolor.

Estos niños mimados, según van creciendo, se convierten con el tiempo en personas tiranas y consentidas, se creen intocables y omnipotentes, hasta que la vida los pone en su sitio, tarde o temprano. Entonces no están acostumbrados a fracasar, no han entrenado su cuerpo y su mente en soportar las dificultades. Son como el cuerpo fofo de alguien que nunca ha hecho deporte y, de repente, se presenta a un maratón. Aquí no hay calambres ni lesiones físicas, sino algo peor. Estos eternos niños consentidos acaban siendo víctimas de diversas patologías, fracasan en los estudios, coquetean con las drogas, delinquen. Detrás de este déficit educativo ético, en valores, hay una persona que crece débil, enferma, insegura, acomplejada. Nada más lejos de la felicidad y la libertad que propugnaba Séneca.

PARTE IV.
SÉNECA Y LOS ESTOICOS ANTE LOS GRANDES PROBLEMAS DEL SIGLO XXI

1. Ciencia, tecnología e inteligencia artificial

Pensarán los tecnólogos y los gurús de la, ahora de moda, inteligencia artificial que Séneca no tiene nada que aportar a este campo de la ciencia. No es así. Séneca fue filósofo y, por tanto, también científico, porque, en aquellos tiempos, esa disciplina, que aún no había nacido como tal, pertenecía al campo más amplio de la filosofía. Ciencia, del latín *scientia*, participio de *scio*, saber, es una palabra que habla del conocimiento y que mantiene vivo su significado en las formas de algunas palabras actuales como conciencia, omnisciente o inconsciente.

El interés por la ciencia fue desde el principio una de las grandes pasiones de aquel filósofo cordobés, que era un hombre metódico y reflexivo, apasionado por el estudio de las ciencias naturales, que son un reflejo del mundo al que pertenece el ser humano y, por tanto, eran objetivo prioritario de su ética y razón universal. Fruto de este interés científico y ético, escribió al final de su vida un libro llamado *Naturales Quaestiones*, que se conoce como *Cuestiones Naturales* y que podríamos traducir más bien como *Investigaciones sobre la Naturaleza,* porque, en latín, toda *quaestio* es una indagación, un preguntarse e investigar sobre algo, hasta el punto de que la inicial de la palabra, con un punto colocado debajo, ha dado lugar a nuestro actual signo de interrogación: ᵠ.

A Séneca le apasionaba investigar sobre la filosofía en general y, por tanto, también sobre diversas cuestiones científicas que le corresponden. Por eso publicó otros tratados que se han perdido, pero de los que conservamos el título o pequeños fragmentos: algunos centrados en lo que hoy corresponde al campo de la biología (*De piscium natura,* Sobre la naturaleza de los peces), o de la geología (*De lapidum natura,* Sobre la naturaleza de las rocas), geografía y astronomía (*De forma mundi,* Sobre la forma del mundo) e incluso publicó monografías científicas sobre temas concretos, como los terremotos (*De motu terrarum*).

Séneca evidencia en todos sus escritos la pasión por la ciencia, la retórica, la ética y la filosofía, contemplado todo ello como un conjunto difícil de separar en compartimentos estancos, como sí se hace hoy sin pudor en los distintos campos del conocimiento científico. Esta división tajante entre ciencia y ética puede llevarnos al fracaso de la inteligencia, por eso es cada vez más frecuente encontrar filósofos y expertos en ética dentro de los diferentes departamentos científicos, integrando comités de bioética o ética científica en general, con una visión más amplia, como la que tenían los estoicos hace más de dos mil años. En este terreno nos queda aún mucho camino que recorrer.

Que Séneca centrara su actuación en la política, la ética o la literatura, no quiere decir que no fuera un curioso científico ni que dejara de frecuentar los centros más sobresalientes del saber de su época, como fue Alejandría, a la que viajó con veintiséis años de edad por motivos de salud. Aquella era la fastuosa capital de Egipto, la ciudad más culta de su tiempo, cuna de las ciencias y poseedora de la mayor biblioteca de la Antigüedad. También visitó Grecia con intención de estudiar a los filósofos que allí vivían, pero fue en Alejandría donde trabó amistad con los científicos más eminentes, los mejores intelectuales, filósofos, matemáticos o médicos. Visitó el actual Sudán y Etiopía, en el cuerno de África, para realizar investigaciones que eran habituales entre los filósofos estoicos, de tipo geográfico y etnológico, pues el análisis de las costumbres de aquellos pueblos lejanos les ayudaba a conocer la antropología humana, las religiones, la filosofía y el lugar que el ser humano ocupa dentro de la naturaleza y el universo.

Para Séneca la ciencia forma parte de la filosofía y la acomete con igual pasión que otras esferas del saber. Los conocimientos puramente humanísticos, mitológicos o matemáticos le llevan al mismo objetivo. Por eso, a Séneca le sorprendería hoy la división tan profunda que queremos imponer entre las llamadas ciencias y letras. El filósofo romano estaría más cerca de los hombres del Renacimiento que de los modernos. Es cierto que la profundidad en el estudio obliga hoy a la especialización, pero ni el científico debe apartarse de las humanidades ni el hombre de letras de la ciencia. Serán mejores en sus campos respectivos si entienden el conocimiento como un todo donde las humanidades no pueden ser relegadas en ningún momento, independientemente de la labor intelectual que acometamos en la vida.

Séneca fue, por tanto, un hombre con grandes saberes científicos. Pero lo que más llama la atención es su visión innovadora sobre la investigación. En sus escritos explica que la ciencia está en continuo progreso y que el descubrimiento de la verdad y los avances de la humanidad están y estarán siempre en permanente evolución. En este sentido, Séneca se adelanta a su tiempo: no hay verdades absolutas sino verdades por descubrir. Sus palabras sobre el conocimiento parecen sonar más al siglo XXI que al pensamiento de su época:

> Nunca se encontrarían hallazgos nuevos si nos contentáramos con los ya realizados. Además, quien se limita a seguir a otro, no descubre nada; es más ni siquiera investiga. ¿Entonces, qué?, ¿no voy a seguir las huellas de los que me precedieron? Por supuesto, seguiré ese viejo camino, pero si encuentro otro más cercano y accesible, lo afianzaré. Quienes antes que nosotros abordaron estas cuestiones no son nuestros dueños sino nuestros guías. La verdad está abierta a todos; todavía no la ha acaparado nadie; gran parte de ella ha sido encomendada a las generaciones venideras.[109]

Séneca es un intelectual muy próximo al modo de entender hoy la realidad. Su pensamiento, que se centra en la parte espiritual y ética del individuo, no es platónico: para los estoicos, las ideas son entidades físicas, como el cuerpo; forman parte de un conjunto, del mismo modo que nuestra alma es una partícula del alma universal. Este planteamiento está cerca de muchos filósofos del siglo XXI, como Fuller o Feynman, que piensan que todo el Universo está conectado, desde la parte más recóndita de la Tierra hasta la galaxia más remota. Es una idea que procede de la filosofía estoica, que considera el mundo y el universo impregnados de racionalidad; el ser humano formaría parte de esa razón que es corpórea y material, como todo cuanto existe: por eso, nuestros sentidos pueden captar la realidad y llegar a conocer su organización y estructura desde una perspectiva científica.

Para los estoicos, nuestro planeta es parte del universo en una visión macroscópica; frente al ser humano y la sociedad, que forman parte de esa estructura de lo real, de lo material, en una esfera microscópica. Es una explicación que hoy encaja con ciertos presupuestos científicos. Por ejemplo, últimamente se ha demostrado que las células de nuestro organismo emiten luz, y que cuando van a morir producen una cantidad extraordinaria de ella, lo que algunos científicos han comparado con el momento en que una supernova explota y se extingue. Lo que sucede a nivel microscópico tiene su relación a nivel macroscópico. Esta es una explicación del diseño de la materia y el Cosmos que ya intuyeron los estoicos.

Desde nuestra arrogancia científica de hoy, tendemos a subestimar la ciencia antigua. Pero el hecho de que los griegos o romanos no contaran con los medios técnicos a nuestro alcance no implica que sus reflexiones científicas carezcan de valor. Es sabido que Eratóstenes, por poner un ejemplo conocido, ya midió el radio terrestre y se equivocó por muy poco. Sin instrumentos, en pleno siglo III a.C., y con razonamientos teóricos basados en la proporcionalidad de ángulos, hizo un cálculo bastante certero del tamaño de nuestro planeta. No había en aquella época posibilidad de confirmarlo científicamente, pero su intuición fue acertada. Lo mismo hizo Einstein veintidós siglos después cuando intuyó la existencia de ondas gravitacionales, hecho que no se ha podido demostrar hasta un siglo más tarde. Contar hoy con ordenadores cuánticos no nos hace mejores científicos que Eratóstenes o Einstein, solo nos permite, si nos acercamos a su intuición y genialidad, auparnos sobre hombros de gigantes.

En cuanto a la teoría de cómo conocemos y de cómo aprehendemos la realidad, el estoicismo tampoco está tan lejos de la ciencia actual. Hemos visto cómo, según Séneca, en el ser humano existen tres elementos esenciales: el *impetus*, la pasión y el juicio reflexivo. El primero de ellos es la sensación, la pura huella que dejan en nuestros sentidos las personas y el mundo que nos rodea, y que genera una pasión, una respuesta instintiva, a veces automática. La inteligencia debe analizar y clarificar esa pasión generada, eliminando de ella todo lo irracional. Esta última función es la esencial y le corresponde al juicio reflexivo. De ahí la importancia que dan los estoicos a la respuesta racional frente a los estímulos que recibimos del mundo exterior.

Hasta cierto punto la neurociencia actual comparte la idea del conocimiento y la percepción estoicos. Del mismo modo que Séneca habla de los sentidos como medios para percibir la realidad y de cómo la razón, es decir la conciencia, da orden a esos datos y los convierte en emociones y sentimientos, así la ciencia moderna reconoce el papel de la amígdala cerebral y el hipotálamo a la hora de recibir de forma más inmediata las sensaciones del mundo exterior, ese «ímpetus» del que hablaban los estoicos, y así generar una pasión inmediata. Por encima de ello, pero con una reacción más lenta, se encuentra el neocórtex, la parte más moderna del cerebro, la más racional: es la que da sentido a todo a través de la reflexión y la conciencia, de modo que combina la percepción, las emociones y la racionalidad para elaborar un todo armonioso y una manera de juzgar, de entender, y, como dirían los estoicos, de conducirse en la vida. Y Séneca añadiría que el dominio de la razón sobre las demás parcelas de nuestra personalidad es el que permite la serenidad, la libertad y la felicidad. En palabras de un científico de hoy, diríamos que los neurotransmisores que conforman la sensación de felicidad dependen en su más alta instancia de la forma de entender y concebir las cosas. Ese pensamiento, ese esfuerzo y entrenamiento de la inteligencia hace posible que nuestra razón interprete la realidad y lo que sucede a nuestro alrededor. De esa interpretación dependerán nuestros sentimientos, que no tienen por qué ser el caballo desbocado e indómito que quieren hacernos ver quienes fomentan lo instintivo. Los sentimientos pueden y deben estar tamizados, filtrados, interpretados por la razón. Así hablaría hoy un estoico como Séneca.

Las cosas no son como nos lo imponen las pasiones, sino como nos las argumenta la razón. Por eso, la virtud estoica consiste en una forma de inteligencia que me permite juzgar racionalmente los estímulos que recibo. Y esto no es una idea original del estoicismo. Ya Sócrates decía que la ignorancia y el mal son la misma cosa. Es decir, si no hay inteligencia para emplear la razón, si hay ignorancia, aparecerá el mal y la infelicidad. Este modo de entender la realidad que nos sugieren los estoicos supone una crítica demoledora al mundo de hoy, materialista hasta el extremo, donde todo se compra y se vende por dinero, poder, placer o dominio. Por el contrario, estas cosas son indiferentes para Séneca, no proporcionan por sí ni sabiduría ni felicidad: dominan al hombre en lugar de hacerlo libre.

¿Y con respecto a la inteligencia artificial? ¿Y al mundo de las nuevas tecnologías? Evidentemente nada sabía el filósofo cordobés de todo esto, pero sí nos cuenta determinados ejemplos y anécdotas de su tiempo que pueden servirnos de utilidad para entender la importancia y también los límites de las nuevas tecnologías.

Séneca escribe en sus *Cartas a Lucilio*[110] que había un hombre muy opulento, nuevo rico, con tanta ignorancia y prepotencia como riqueza. Quería presumir de la cultura que no tenía y, valiéndose de su gran fortuna, compró esclavos especializados. Cada uno se sabía un libro de memoria. Cuando quería presumir delante de sus invitados llamaba al que se sabía Homero y le ordenaba recitar un pasaje, después a otro, el de Hesíodo, por ejemplo, y le hacía recitar de memoria lo que cada cual quería. Y con esta demostración del talento ajeno y de la memoria de sus carísimos esclavos especializados, quería aparentar, delante de sus amigotes, que él era un hombre que tenía en sus manos todo el conocimiento de su época. Pero, cuando aquel rico ignorante hablaba, se perdía en la frase y no sabía acabar lo que había empezado a decir. Ese hombre es el mismo que hoy, carente de toda formación científica y humanística, presume de tener en sus manos un dispositivo electrónico con una base de datos que reúne todo el conocimiento, pero desconoce el sentido y origen de toda esa información. Y se vanagloria de ese cúmulo de datos como si él supiera algo, cuando quizás no sepa ni siquiera interpretar una frase. Hay jóvenes, y no tan jóvenes, que ya no se atreven a hablar o escribir sin emoticones,[111] no son capaces de expresar cabalmente sus ideas, no conocen los rudimentos de la ciencia ni saben lo que es la ética o los valores, ni quieren saberlo. El mundo de la información, digital o no, es como la biblioteca de Alejandría. Allí había setecientos mil volúmenes. Séneca y cualquiera de los sabios que vivieron entonces podían consultarlos, pero aquello habría sido papel mojado ante la ignorancia. No hace sabio al hombre la posesión de datos, sino la preparación y el estudio científico y humano capaces de poder valorarlos y entenderlos. Hoy observamos cómo muchos jóvenes (y mayores) manejan el móvil con soltura y no dejan de mirar la pantalla ni siquiera para cruzar la carretera. Dedican muchas horas con los ojos fijos en estos dispositivos, como si estuvieran adictos a la droga digital que rezuman, pero carecen de formación y preparación, no ya para entender un artículo de un periódico o de una universidad lejana, sino ni siquiera para distinguir un burdo bulo de lo que no lo es.

Ese puede ser el mensaje de Séneca ante las nuevas tecnologías y la inteligencia artificial. Son útiles y abren un campo extraordinario ante nuestros ojos, pero nunca pueden sustituir al ser humano: sin preparación y estudio seremos sus esclavos, no sus dueños.

2. Economía

> La economía es la ciencia de evitar gastos superfluos y el arte de usar con moderación los bienes propios.[112]

La economía y su repercusión social fueron aspectos a los que Séneca otorgó gran importancia. Es un intelectual que representa un sistema de pensamiento donde en ningún momento se aparta la vista ni del individuo ni de su contexto. Por eso, la economía juega un papel esencial en su concepción de la sociedad.

Es cierto que, en la antigua Roma, esta disciplina difiere mucho de lo que es hoy: no existía aún capitalismo, inversión, bolsa, ni tan siquiera políticas sociales tal como se entienden actualmente, pero el mundo romano se basaba en la acumulación de capital, el préstamo, la inversión, la producción y el comercio. Y Séneca es un pensador profundamente interesado en ese concepto de economía como forma de cohesión de la sociedad humana.

Donde nuestro filósofo trata de lleno este asunto es en su libro *Sobre los beneficios,* aunque el propio título puede parecer engañoso. El vocablo beneficio procede del latín *bene* y *facere*, es decir, hacer un bien. Nuestra palabra beneficencia también viene de ahí; beneficiar a alguien consiste en hacerle un bien, hacerle un favor, prestarle un apoyo. Pero el concepto romano de «beneficio» tiene un significado muy distinto al de beneficencia: es menos generoso, más interesado. En la sociedad romana se miraba muy bien a quién se le hacía un favor. Tanto a nivel económico como moral.

La idea de beneficio romano está relacionada con la institución del clientelismo, de donde procede nuestras palabras *cliente* o *clientela*, pero con un significado muy diferente. Aquella era una sociedad en la que no existían los bancos; eran los particulares los que prestaban dinero o hacían inversiones a favor de personas que, al recibir este beneficio, quedaban obligadas hacia ellas y bajo su protección. Esos eran sus clientes. En Roma, las grandes fortunas actuaban como bancas privadas, que elegían a quién hacer un favor, cómo prestar dinero y a qué interés.

El clientelismo existía en Roma desde la época de la República y era un eje vertebrador de la sociedad: si alguien quería emprender una actividad empresarial, presentarse a unas elecciones o acometer un proyecto personal, necesitaba el patrocinio de un hombre poderoso y rico. Hoy vemos esta forma de relación social con ojos críticos, por considerarla fuente de injusticias y favoritismos no reglados por la ley. En aquellos tiempos, dependía solo de la categoría moral del patrón evitar el puro enchufismo y beneficiar a quien verdaderamente lo merecía; porque aquellas élites económicas romanas podían dedicar su dinero e influencia tanto a la mejora de la sociedad como al puro nepotismo, según quisieran. En cierto sentido, hoy sigue ocurriendo lo mismo en muchos ámbitos de la sociedad moderna, salvando el enorme abismo existente entre el concepto de economía en ambas épocas.

Séneca procuró mejorar esta situación y, si atendemos a la esencia de las cosas, también puede ayudar a mejorar la del siglo XXI. En su libro *De beneficiis* lanza un mensaje que también es válido para el mundo de hoy, pues, a pesar de la enorme diferencia entre las relaciones económicas entre entonces y ahora, hay situaciones históricas que se repiten. En cierto sentido, aún no hemos eliminado por completo los perjuicios del clientelismo, las recomendaciones, los beneficios a conocidos, leves o no, porque siempre hay ocasión de beneficiar a alguien, aunque parezca que todos competimos en igualdad de condiciones. Las sociedades actuales son más efectivas o menos según se encuentren en los puestos de dirección política, económica o empresarial las personas más capaces o de más mérito o, por el contrario, el enchufado de turno, que, además, suele ser una persona incapaz, menos trabajadora, menos productiva y eficiente. Por eso el mensaje de Séneca acerca de los beneficios puede ser válido también en pleno siglo XXI. El filósofo de Córdoba explica que tener dinero implica también una responsabilidad social y moral. En su concepto de la filosofía estoica, la riqueza individual debe servir y estimular la riqueza del conjunto de los ciudadanos. Es decir, hay que invertir en la colectividad y ser solidarios. Las decisiones que se tomen, los beneficios, favores o inversiones, deben hacerse en función del bien común y del bien moral. En suma, deben repercutir en el provecho de la sociedad en su conjunto.

Con aquellas ideas Séneca pretendía humanizar el tejido social de su tiempo, pues en Roma no había ninguna institución económica que se encargara de las relaciones entre individuos o ayudara a resolver sus necesidades sanitarias, sociales o económicas, solo el clientelismo. Si un individuo se veía abocado a una situación de desgracia o necesidad, no tenía otra posibilidad que buscarse un benefactor, un hombre poderoso que lo ayudara, a cambio de quedar ligado a él por lazos de la gratitud, estar disponible para apoyarlo cuando fuera necesario y devolverle el favor de la forma que pudiera y se le exigiera. Pero Séneca quiso mitigar la injusticia que se derivaba de este tipo de relaciones; no pudo hacerlo libremente bajo el reinado de Nerón, pero sus ideas llegarán al poder pocos decenios después de su muerte. A través de sus escritos, el filósofo se convirtió en el germen de una nueva forma de ver la sociedad y la economía, una ideología política que podemos llamar *estoica*. No se trató de un cambio brusco sino gradual, que fructificaría en tiempo de los Antoninos, esa dinastía del siglo II que adoptó los presupuestos políticos del estoicismo romano de la mano de emperadores nacidos en la Bética, como fue el caso de Trajano o Adriano, e incluso oriundos de Córdoba, y también filósofos, como Marco Aurelio. Durante el reinado de esta dinastía, continuó la institución del clientelismo romano, como no podía ser de otra manera, pero el Estado sí comenzó a hacer políticas más allá del pan y circo de los tiempos precedentes. Por ejemplo, durante el reinado de Trajano se promovió una nueva institución llamada *alimenta*: consistía en que el Estado prestaba dinero a los aristócratas locales para que acometieran sus proyectos e inversiones a cambio de un pequeño interés que no iba a parar a las arcas del Imperio, sino a un fondo local que se quedaba en la propia ciudad y servía para atender a niños huérfanos y sin recursos, es decir, destinado a paliar lo que hoy llamaríamos pobreza infantil. Adriano continuó con esta labor y, al igual que luego harán Antonino y Marco Aurelio, introdujo reformas legales que beneficiaron a las capas más desfavorecidas de la población. En el caso de Antonino y Marco Aurelio, cada uno de ellos creó instituciones parecidas, que se llamaron *Puellae Faustinianae* y que iban dirigidas a ayudar a niñas huérfanas, viudas y estratos necesitados de la población. Por otro lado, cuando llegó la peste en tiempos de Marco Aurelio, el emperador filósofo construyó hospitales en masa para poder atender a todos los enfermos de la plaga, una calamidad no comparable con las pandemias actuales por su elevadísima mortandad, dentro de una sociedad que carecía de los medios técnicos y sanitarios de hoy día.

Algunas universidades estudian aquellas medidas estoicas como el germen del Estado del Bienestar actual. Se tomaron en una época que ha pasado a la historia como el Siglo de Oro del Imperio romano, la época que Edward Gibbon, el famoso historiador británico, definió como el periodo más feliz de la historia de la humanidad. El origen de estas iniciativas que pusieron en marcha los Antoninos está en la forma que tienen Séneca y el estoicismo de entender la política, la sociedad y la economía. No ocurrió así antes de que el filósofo de Córdoba se acercara al poder. En tiempos de la República romana, la política social siempre estuvo a cargo de las élites. Los anfiteatros, por ejemplo, eran regalos de un magnate local. Los espectáculos de circo los pagaban los hombres poderosos que buscaban fama para relanzar su carrera política o acrecentar su influencia social. El Estado no se encargaba de cuestiones sociales, sino que lo dejaba todo en manos de esta política de mecenazgo y beneficios, a cargo de particulares, redes de clientes y patronazgo.

Séneca introdujo unas ideas que pueden servirnos de reflexión hoy día, pues consideraba que una de las primeras obligaciones del poderoso es la solidaridad. Defendía que había que revertir en la sociedad, que te ha hecho rico, los frutos de tu riqueza. Y lo decía alguien que fue uno de los hombres más adinerados de su época, y que tuvo fama de ser generoso, buen productor y economista. Evidentemente, el filósofo de Córdoba no pudo eliminar las injusticias de su tiempo, pero sembró una semilla que ha ejercido una importante influencia en los siglos posteriores. Sus libros sirvieron entonces para concienciar a los opulentos de la necesidad de moderación y solidaridad. Entendió la economía como una cuestión social, como también lo era la ética, e indujo a los ricos a no abusar de su prevalencia, a no aprovechar la situación de desprotección de algunos y a no mostrarse soberbios ante quienes solicitaban su amparo. Con ello Séneca mira directamente al individuo social y aboga por una economía y unas relaciones humanas en que no se imponga la arrogancia de los poderosos. Sus ideas han servido de germen para la elaboración de políticas más justas y solidarias que beneficien a todos los miembros de la sociedad.[113]

El estoicismo nos enseña que somos seres sociales, que necesitamos del apoyo y la colaboración del resto. Ese mensaje de solidaridad con los demás suele olvidarse en el mundo de hoy, en que el desarrollo económico permite una mejora en la calidad de vida y nos hace más independientes del grupo social. Pero las crisis económicas son cada vez más frecuentes y esto produce un sentimiento de desprotección cada vez mayor, con los consiguientes cambios psicosociales que acarrea: temores, angustia, inestabilidad. En la sociedad de hoy, egoísta e individualista, hemos perdido la perspectiva de solidaridad y cooperación que existía hace medio siglo entre los diferentes grupos humanos, especialmente en el ámbito rural. Entonces, los miembros de la comunidad se ayudaban mutuamente y eso favorecía la supervivencia de todos. Las familias estaban más unidas que ahora, los vecinos tenían vínculos más estrechos. En cambio, en el mundo tecnificado de hoy, con los medios de supervivencia asegurados, en estas sociedades más opulentas se tiende al individualismo, a pensar solo en nosotros mismos, a volvernos más egoístas, y más solitarios: no somos solidarios; impera el «sálvese quien pueda» o «tonto el último». Es un error. Todos dependemos de todos. Somos seres sociales. Marco Aurelio lo expresó con una bella metáfora:

> Lo que no beneficia a la colmena tampoco beneficia a la abeja.[114]

3. *Feminismo*

Cuando el lector actual piensa en las relaciones entre hombres y mujeres en la antigua Roma, sabe que aquella fue una sociedad patriarcal en la que el varón ocupaba el poder político y religioso, mientras que la mujer tenía un papel secundario al cuidado de la casa y los hijos. En este aspecto estaba discriminada: no era considerada una persona igual que el hombre ni gozaba de sus mismos derechos. Así era, pero, en todo, hay matices. Por ejemplo, hay que saber que las mujeres romanas gozaron de mucha más libertad que las griegas de tiempos anteriores, aunque las etruscas, por ejemplo, gozaron de más libertad económica, social e incluso sexual que sus sucesoras romanas. Hay investigadores que hablan del siglo primero de nuestra era como el siglo de la liberación femenina en Roma. Tenemos datos de mujeres que alcanzaron grandes cotas de libertad, de poder político y económico en aquella sociedad patriarcal. El divorcio era muy fácil, existían medios anticonceptivos, las mujeres hacían vida social. Lo sabemos por las críticas de los moralistas y por los testimonios de la historiografía. Estas libertades las disfrutaron especialmente, como ha ocurrido en todas las épocas, las mujeres de clase alta, que tenían los medios para hacerlas valer.

Pero ¿cuál era la postura de Séneca hacia la mujer? Creo que interesante y digna de reflexión. Es evidente que el filósofo está imbuido de la cultura de su tiempo: como romano del siglo I, no podía escapar de esa visión patriarcal de la sociedad que hay que analizar en su contexto, sin extrapolar y censurar, como parece ser la moda de este principio de siglo, donde una mentira repetida cien veces aspira a convertirse en verdad.

Es lógico que Séneca sea un hombre de su tiempo, pero también se adelanta a su época en lo que hoy conocemos como feminismo. Para entender esto cabalmente, no se puede recurrir a citas sacadas de contexto, frases incompletas o aquellas extraídas de sus tragedias, que son obras literarias cuyos personajes no tienen por qué coincidir con las ideas del autor. Eso lo han hecho algunos críticos suyos en varias ocasiones, con el interés de mostrar su visión tradicional moralista romana, lo que es cierto, y acusarlo de un supuesto desprecio a las cualidades femeninas, lo que es falso. Para hacernos una idea precisa del pensamiento de Séneca acerca de la mujer, es necesario acudir a textos claros, pertenecientes a sus obras filosóficas o ensayos, donde sí exprese una idea razonada y personal sobre la mujer en general. Eso puede ser más ilustrativo para un lector de hoy: permitirá mostrar con claridad cuál pudo ser la idea de Séneca sobre las capacidades de las mujeres. Para ello, basta leer lo que escribió en su libro *Consolatio ad Marciam*:

> ¿Pero quién ha dicho que la naturaleza haya actuado malintencionadamente con los temperamentos femeninos y haya reducido sus cualidades a un estrecho límite? Créeme, cuando ellas quieren, tienen el mismo vigor que los hombres, la misma capacidad para las empresas elevadas; si se han entrenado, soportan del mismo modo el dolor y la fatiga.[115]

Frente a alguna frase sacada de sus tragedias, en las que hablan personajes que en ocasiones son tiranos y representan todo lo contrario de lo que propugna Séneca, la última frase de esta cita basta para entender cómo el filósofo defiende que la capacidad de las mujeres, su talento y cualidades son las mismas que las de los varones. Es una afirmación que hoy puede parecernos obvia, pero hay que valorar el mérito que supone proclamarla en los tiempos y la sociedad en que vivió Séneca.

A lo largo de su vida, el filósofo se relacionará con varias mujeres influyentes del mundo de la sociedad y la política: las más importantes Julia Livila y Agripina, hermanas del emperador Calígula. Trabajará con ellas y a su servicio, y nunca las considerará inferiores. Precisamente la relación política que mantuvo con la primera de ellas sirvió de excusa para una acusación falsa de adulterio en la que Julia perdió la vida y él se ganó el destierro: una maniobra política de Mesalina que acabó con sus dos principales competidores en el poder. Ocho años después, a la vuelta del exilio, Séneca colaborará con Agripina en situar a Nerón en el trono y sabrá trabajar a sus órdenes. Años después discrepará de ella e intentará disminuir su poder, al comprobar que su actitud perjudicaba el futuro político de Roma.

Nadie podrá negar que Séneca fue, no obstante, un hombre de su tiempo. Vive en una sociedad androcéntrica donde a las mujeres no se les permitía formar parte de la élite social, económica o política del Imperio. Pero si atendemos a los textos y a su propia experiencia vital, nos daremos cuenta de que el filósofo critica siempre actitudes morales y no sexos. Estará contra el libertinaje de aquellas mujeres que pretendían igualar al varón no en virtudes, sino en vicios. Censurará el desenfreno y la ambición de Mesalina o Popea. Describirá como afeminadas y débiles aquellas actitudes inmorales que no muestran la fortaleza y la templanza propias del estoicismo. Pero el pensador cordobés, a pesar de vivir en una sociedad patriarcal y androcéntrica, supo valorar el talento de la mujer y defender la igualdad de capacidades entre ambos sexos. En ese sentido nos lanza un mensaje de moderación e inteligencia desde el pasado, mostrando una actitud tan sensata que lo hace, también en este aspecto, un adelantado a su tiempo. Baste la siguiente cita, referida a un plano más íntimo y sorprendente para la época, donde Séneca plantea las relaciones de infidelidad con igualdad moral entre hombres y mujeres. El varón no puede reclamar castidad a la mujer si él no cumple los mismos preceptos. Es una crítica a la doble moral sexual de su tiempo y que puede aplicarse a otros más recientes:

> Sabes que es un inmoral quien exige castidad a su esposa y a la vez seduce a las esposas de los demás; sabes que, igual que ella no debe tener trato con adúlteros, tú tampoco con prostitutas, y no lo haces.[116]

Independientemente de las conclusiones que cada cual extraiga de la lectura de estos textos, se observa que el filósofo aborda el tema de la mujer de una forma muy parecida a como aborda el resto de cuestiones morales, filosóficas o humanas: desde el punto de vista de una ética universal que afecta por igual a hombres y mujeres.

Séneca llevó durante más de cinco años las riendas de la política en Roma, y tuvo que hacerlo en el Senado, una institución completamente patriarcal con unas normas rígidas en cuanto al ejercicio del poder y que se oponía a la participación de las mujeres en él con la mayor de las intransigencias. Los padres de la patria no podían consentir de ningún modo que Agripina, una mujer, participara en las sesiones del Senado romano ni escuchara las deliberaciones que allí se tomaban. Era algo impensable en aquellos tiempos y aquella sociedad. Pero el filósofo de Córdoba tuvo una idea que muchos copiarán en el futuro hasta la plena incorporación de la mujer al mundo de la política. Consiguió que las sesiones del Senado se trasladaran desde la Curia al Palacio real, donde residía Agripina, y allí, tras una cortina, la madre de Nerón escuchaba en los amplios salones de su palacio lo que debatían los senadores. Es aún insuficiente a nuestros ojos, pero, en la Roma del siglo I, supone un gran avance que nos hace ver a Séneca como un hombre de su tiempo, obligado por sus circunstancias, pero que quiso buscar medidas sensatas para la incorporación de la mujer a la sociedad. Esta es una idea común en el estoicismo a partir de Musonio Rufo, filósofo contemporáneo de Séneca, y que tendrá continuación durante el reinado de los emperadores estoicos del siglo II, en especial Marco Aurelio, que legisló a favor de la mujer.

En cuanto a Séneca, podemos concluir que es un hombre de su tiempo, que valora a sus compañeras como seres humanos dignos de elogio o de censura en función de su valía moral, no de su sexo. Cuando habla de Marcia, de su tía o de su madre, de Agripina o Julia Livila, alaba sus virtudes y su capacidad, su valentía y determinación. Cuando habla de aquellas mujeres libertinas como Mesalina o Popea, crueles o sedientas de poder, las describe como degeneradas e inmorales. Hay que pensar que hace lo mismo con los hombres. Cuando Séneca habla de Calígula o Claudio no puede retratarlos como más necios o estúpidos, en cambio a Catón lo elogiará por su virtud. La valía de la persona no depende, según Séneca, de su sexo, sino de su comportamiento moral. Personalmente creo que, para los parámetros sociales de la época, supone un gran avance y puede ser incluso una buena referencia para un feminismo menos radical y más justo, que busque la igualdad real entre hombres y mujeres en todos los ámbitos, sin que cortinas de humo lingüísticas o de puro enfrentamiento social perjudiquen la nobleza de la causa.

4. Cultura y arte

La cultura y el arte son tremendamente liberadoras: nos humanizan y ayudan a construir nuestra esencia como personas. Siempre que he leído las tragedias de Séneca, me ha admirado que un hombre tan racionalista como él haya sido capaz de escribir esas obras llenas de emoción y sentimientos desbordados. Cuando pensamos en un racionalista como Descartes o Kant lo imaginamos incapaz de comprender los oscuros senderos de la pasión. Séneca no es así. Es un filósofo profunda y radicalmente racionalista, pero entiende perfectamente los ámbitos de la emoción y el sentimiento. Los siente en sus venas, pero sabe controlarlos. No los desprecia; les otorga el lugar que deben ocupar. Es un maestro de la pasión, pero también del autocontrol, porque sabe que el mayor poder consiste en tener dominio sobre uno mismo: *Maximum imperium sibi imperare est,*[117] es decir, el mayor gobierno es saber gobernarse a uno mismo. Por eso pudo escribir esas magníficas tragedias que han sido las que enseñaron a Shakespeare el mundo de las emociones e inspiraron el teatro y novela posteriores. Y las escribió no solo para adquirir fama en el destierro y anular así la voluntad de un emperador autoritario como Claudio, las escribió porque el arte es tremendamente liberador.

Es liberador y terapéutico; es catártico como diría Aristóteles, o debe serlo. El arte humaniza al espectador y al artista, o debe hacerlo: si no, no es arte. El arte permite objetivar nuestros deseos y nuestros miedos. Por eso nuestros antepasados pintaban bisontes en las cuevas de Altamira o esculpían Venus como las de Willendorf. Lograban así expresar sus temores, su admiración por lo mágico, sus deseos de supervivencia. Empezaban a construirse como humanos, porque toda la filosofía de Séneca habla de eso, de cómo comprender, asimilar y controlar nuestros miedos y deseos para conformar nuestro ser, para entendernos a nosotros mismos y no errar el camino hacia la sabiduría, libertad y felicidad.

Por eso las tragedias de Séneca son puro arte, arte excelso en que se combinan a la perfección, la poesía, la palabra, el ritmo, la cultura, la tradición y las pasiones. Y todo ello busca educar los sentimientos del individuo, que aprende valores. Pero también ayuda a la educación de la sociedad, porque sus tragedias tratan de política, critican la tiranía, muestran la importancia de la solidaridad y la convivencia. Y hablan de libertad, de esfuerzo, de tragedia y de la fragilidad humana.

El arte fue uno de los muchos instrumentos de los que se valió Séneca para mostrarnos el camino hacia la armonía interior, la paz social y el buen gobierno en política. Permite imaginar una postura heroica ante la adversidad, encontrar un modo de resistir y despreciar los dolores, la miseria y la muerte. Anima al valor, a la lucha y a la resistencia. Y eso encaja perfectamente en el ideario estoico de Séneca, tanto a nivel personal como social.

No debemos olvidar que el filósofo de Córdoba fue también uno de los escritores más famosos y prolíficos de su tiempo. En el terreno de la poesía y la literatura se nos han conservado nueve tragedias suyas y una sátira en la que se burló de los deseos de divinización del emperador Claudio. Sus obras literarias cumplen varias funciones: son obras de arte creativas que pretenden instruir al lector y cumplir una misión social; son también un modo de hacer política en el sentido de llegar a la opinión pública y criticar el poder absoluto; son claramente educativas, porque le sirvieron para desarrollar el tema del gobierno de las pasiones y resaltar la importancia de la moderación frente a los excesos del poder, que a menudo es arrogante, egoísta y altivo.

Las troyanas y *Agamenón* son dos tragedias donde el protagonista es el mismo, el rey griego Agamenón, pero el enfoque del personaje es distinto en cada una de ellas. Aparecen así dos opciones de vida, dos modelos de conducta. Séneca siempre mostró en sus tragedias ejemplos morales, la intención educativa nunca dejó de estar presente: las suyas son obras de arte donde se puede encontrar siempre una lección de sabiduría.

En su tragedia *Agamenón*, el personaje aparece como rey de reyes, un hombre instalado en el poder, el héroe que destruyó para siempre la ciudad de Troya y que ha estado y está dispuesto a todo para consumar su venganza. Es la locura ciega del poder y la revancha. Cuando Agamenón regresa a Micenas, su patria, le espera su mujer Clitemnestra, resentida contra el marido. La esposa no le perdona que haya puesto su ambición por delante de sus hijos y de ella misma. Diez años atrás los presagios le indicaron a Agamenón que, para poder partir hacia Troya y guerrear, debía entregar la vida de su hija Ifigenia. El padre aceptó aquel precio y ahora, diez años después, su esposa Clitemnestra quiere vengarse de aquel marido criminal. Cuenta con la ayuda de su amante, Egisto, y ambos planean la muerte del rey.

De vuelta a Grecia, Agamenón es recibido como un héroe por su esposa. Lo adulan, y basta acariciar un poco su vanidad para que caiga en la trampa. Cuando ha penetrado por los pasillos de palacio lo asesinan con saña. El gran rey, el hombre que se creía todopoderoso, muere de la forma más infame y Séneca, a través de esta tragedia, muestra que aquellos poderosos que se endiosan no son sino hombres cuyo destino puede hacerlos caer hasta lo más bajo. La obra es un aviso al Nerón soberbio, libre de todo freno, que desprecia los consejos del filósofo y camina hacia la tiranía. Pero, del mismo modo, es un aviso de sabiduría dirigido a todos los seres humanos de todos los tiempos. También a los de hoy. Como vemos, el arte es tremendamente liberador y aleccionador.

En *Las Troyanas* aparece otro Agamenón totalmente distinto. Es un rey que está en contra de los sacrificios humanos. Pretende ser un hombre justo que valora la vida humana como algo sagrado. Es representante ahora de la cultura y la solidaridad, de aquel Séneca que decía: «*el hombre es cosa sagrada para el hombre*».[118] Esta es una frase muy distinta de la que adaptó de Plauto el filósofo Hobbes, partidario del absolutismo, y que es más conocida: *homo homini lupus*, el hombre es un lobo para el hombre. La primera induce a la humanidad, a la solidaridad; la segunda a las dentelladas. Séneca pensaba que no se puede disponer de la vida ajena y menos para satisfacer el ansia de venganza, la ambición o la ira de los poderosos. El Agamenón de esta tragedia es símbolo de ese pensamiento y se muestra justo y sensato, imbuido de humanismo y racionalidad, opuesto a la tiranía y a la arbitrariedad. Este rey es un gobernante sabio que sabe controlar sus pasiones, como debe hacer cualquier persona y más aún un líder, que está obligado a moderar sus impulsos, buscar el bien común de los gobernados y hacer prosperar las sociedades. No es la violencia o la desigualdad la que mantiene de pie el progreso y asegura la paz. Agamenón hablará de la necesidad de la moderación en el ejercicio del poder:

> El poder basado en la violencia nadie ha conseguido retenerlo mucho tiempo; el moderado, perdura; y si la fortuna eleva y alza más aún los poderes humanos, tanto más conviene que se modere la persona que goza de esa suerte y que tema la inseguridad del azar, prudente ante unos dioses demasiado favorables. Si algo he aprendido bien es que los poderes más grandes pueden derrumbarse en un solo instante.[119]

Incluso ante la fortuna más favorable hay que guardar moderación. En todas sus tragedias Séneca hace un bello retrato de las luces y las sombras de la condición humana. Nos pone en un espejo ante nuestras emociones. Nos hace entender hasta qué punto la racionalidad debe controlar las pasiones para evitar la catástrofe. La ira, la ambición y el deseo de venganza conducen a la tragedia, no solo a los tiranos sino a cualquier ser humano. Nadie está por encima de la Naturaleza, de las divinidades o de la diosa Fortuna. Si ella es capaz de hundir incluso a los más poderosos, ¿qué no podrá hacer contra el hombre común? Sus excelentes tragedias, que inspiraron a Shakespeare y a los grandes escritores de la literatura universal, ofrecen una enseñanza que es transversal a todas las clases sociales y seres humanos. Ese es uno de los grandes efectos que produce la fecunda y portentosa creatividad de Séneca.

Las Troyanas es la tragedia de la venganza. Una vez tomada Troya, un heraldo anuncia que la muerte de Aquiles exige el sacrificio de Polixena, hija de Príamo. Los vencedores quieren saciar su odio con sangre, a toda costa, pero Agamenón se niega. Pirro, el hijo de Aquiles, insiste en el sacrificio humano. El adivino Calcante pide, además, para calmar los vientos, la sangre del niño Astianacte, hijo de Héctor. A pesar de que Agamenón quiere evitar el asesinato de estos inocentes, no lo conseguirá. El odio irracional, la ira y la venganza triunfarán sobre él. Los jóvenes son asesinados por Pirro, que justifica los crímenes diciendo que el derecho de guerra se lo permite. Agamenón no se cansará de repetir que lo que a veces permite el poder lo impide la conciencia. Toda la tragedia es, además de una portentosa obra de literatura, un modelo didáctico capaz de educar no solo a la ciudadanía, sino, especialmente, a los que detentan el poder.

Pero la tragedia más monstruosa de todas, la que habla del aspecto más oscuro y salvaje del ser humano, es *Tiestes*, donde Atreo quiere vengarse a toda costa de su hermano. Asesina en secreto a sus sobrinos, los hijos de Tiestes, e invita al hermano a un banquete con la excusa fingida de hacer las paces. No le basta con eso y busca un crimen más horrendo aún: en el banquete, Atreo servirá al padre la carne de los hijos, sin que Tiestes sepa nada, y le hará beber vino mezclado con la sangre de sus vástagos. La tragedia representa la pura barbarie, la violencia y la crueldad más atroces, llevadas al extremo del salvajismo. El personaje convierte al hermano en caníbal involuntario de sus propios hijos. Es la monstruosidad más psicópata, el fracaso absoluto de toda racionalidad, que desaparece atropellada por la ciega venganza y el deseo de hacer el máximo daño.

En *Las Fenicias* la tragedia se desarrolla en dos escenarios complementarios, en dos planos en que se mueve primero Edipo, retirado al monte Citerón, que piensa en el suicidio. Su hija Antígona lo impide y le suplica al padre que ayude a mediar entre sus hijos varones, que luchan a muerte por el poder. Logra convencerlo de seguir viviendo, pero Edipo está hundido y ciego. No quiere intervenir en la disputa entre los hermanos. En la otra escena, un mensajero que llega de Tebas le anuncia que sus hijos, Eteocles y Polinices, se disponen a luchar a muerte. Edipo insiste en que no quiere saber nada, pues él es el causante de todo este mal. Por el contrario, la madre Yocasta quiere parar esta guerra fratricida. Se coloca entre ambos ejércitos, entre sus hijos Polinices y Eteocles, para mediar, pero, al final, no puede evitar que se maten mutuamente.

Medea es otra tragedia terrible, llena de pasión y arte. La esposa despreciada por Jasón busca venganza asesinando a sus propios hijos. Solo quiere hacer el máximo daño al marido. Y su crimen será terrible, dejará un rastro de dolor y cadáveres que sobrecoge al espectador y lo alecciona, mejor que cualquier libro de filosofía, sobre las terribles consecuencias de dejarse llevar por los instintos más destructivos.

Fedra, enamorada del hijastro, quiere imponerle una relación que Hipólito no desea. Puesto que el joven se resiste, se obsesiona en castigar aquel desprecio. Decide inventar una calumnia con la que vengarse de él, porque no puede conseguir su amor. Engaña al padre diciéndole que el hijo ha querido violarla. Hipólito muere como consecuencia de aquella falsa acusación y Fedra no puede soportar el complejo de culpa y se suicida, después de haber confesado su crimen. El padre se queda sin esposa ni hijo, solo con el dolor. Y Séneca quiere mostrar aquí la propia naturaleza del mal, descubrir el momento en que las pasiones irracionales se adueñan de nuestra voluntad, detectar el punto exacto en que se quiebra el alma, el momento en que la fuerza de la razón ya no puede corregir esa inclinación desquiciada hacia la maldad.

Las obras de Séneca han influido de forma muy poderosa en toda la literatura universal. Ya en el siglo XIV había traducciones de sus tragedias en las lenguas europeas. La representación de su obra *Fedra* en 1485 está considerada el punto de partida del teatro moderno. Marlowe y Shakespeare en Inglaterra o Corneille y Racine en Francia lo imitarán hasta la saciedad. El éxito continuará hasta nuestros días. Los temas de Séneca son universales, nos hablan de las preocupaciones humanas, de las pasiones como el poder, los celos, la ambición o la venganza y, sobre todo, de la interioridad del ser humano, de su yo más íntimo. El filósofo de Córdoba entiende el arte como un producto del ingenio que puede hacernos mejores, educarnos, elevarnos en nuestra humanidad. Para el estoico no solo es una forma de belleza o entretenimiento, sino un instrumento de la inteligencia que puede inducir al espectador o al lector a la reflexión sobre la condición humana, a valorar la importancia de la moderación, del respeto hacia los demás y del fracaso de la inteligencia que supone dejarse llevar por los impulsos más primitivos.

5. Migración e integración

La integración de los migrantes es uno de los problemas fundamentales en el mundo de hoy. La situación no es comparable a la época romana, porque en aquellos tiempos la mayoría de las migraciones se produjeron de forma violenta: pueblos bárbaros, arrastrados por la presión de otros, cruzaban las fronteras del Imperio con sus familias buscando tierras donde asentarse y vivir de ellas, del pillaje o de la guerra. Pero, aun a riesgo de extrapolar, no está de más aclarar cuáles fueron las medidas que tomaron los estoicos ante esta situación.

Roma era una ciudad multiétnica y, para el estoicismo, el mundo es su patria, por considerar que existe un elemento común para todos los seres humanos: la racionalidad. Esa debe ser la base de la convivencia, el parámetro que haga surgir las leyes, el elemento compartido que puede permitir nuestra vida en común. Desde esa mentalidad estoica, emperadores romanos como Marco Aurelio procuraron dar respuestas globales y enfocar el problema de la migración de forma clara y justa.

Hemos dicho que el cosmopolitismo estoico apunta a la racionalidad como base común para el acuerdo, pero es evidente que los distintos pueblos tienen costumbres y religiones muy diferentes. También en época romana había dioses griegos, egipcios y persas. Dentro del Imperio, el Zeus griego convivía con el Júpiter romano, con Isis en Egipto o Mitra en oriente. Pero todos los ciudadanos debían respetar las leyes romanas. No había conflicto religioso mientras los acólitos aceptaran la divinidad del césar, es decir, el poder político imperante. Así, salvada la primacía del poder civil sobre el religioso, la convivencia estaba asegurada. Pero también había quienes habitaban fuera del orbe romano, los llamados bárbaros, término que en la antigua Roma significaba extranjero, y que no tenía por qué indicar falta de cultura o civilidad. Curiosamente en tiempos del emperador y filósofo estoico Marco Aurelio hubo un intento de integración que merece la pena analizar.

En su lucha contra los marcomanos, Marco Aurelio observó en cierta ocasión que en la zona de frontera avanzaban grandes migraciones de pueblos que viajaban con sus mujeres e hijos. Aquel movimiento era una invasión, pero el emperador entendió que eran tribus enteras las que se trasladaban de lugar, acosadas por otras que les hacían la guerra y las empujaban hacia las fronteras romanas; allí buscaban lugares y regiones donde poder instalarse.

Marco Aurelio les ofreció tierras dentro de los límites del Imperio para que las trabajaran a cambio de cumplir las leyes propias de Roma. Algunos contemporáneos criticaron esa medida. Y no les faltó parte de razón, pues muchos de aquellos pueblos, una vez instalados dentro de las fronteras romanas, volvían al pillaje y les costaba trabajo adaptarse a la disciplina. A pesar de todo, el emperador filósofo había puesto en práctica una medida de clara base estoica. Quiso, salvando las distancias, integrarlos dentro de la sociedad, civilizarlos, darles medios de vida y tratarlos como seres humanos. Esta anécdota nos muestra la intención conciliadora del estoicismo frente a la vía más violenta que llevaron a cabo otros césares, que optaron por masacrar a sangre y fuego. Pero Roma no es una realidad monolítica, que muchos revisionistas de la historia definen como un imperio agresivo, obsesionado siempre por políticas expansionistas. No todos los emperadores fueron iguales ni podemos mirar el pasado con los ojos del presente. Marco Aurelio, por ejemplo, se vio envuelto en guerras feroces, pero no inició ninguna de ellas. Todas fueron la respuesta a una invasión previa. En su caso, no hubo ansias imperialistas, sino que obró en legítima defensa.

En cuando a aquel intento de integración, si se nos permite la extrapolación, podemos entender que Marco Aurelio quiso acoger a los bárbaros, no solo a aquellos que se llamaban así por ser extranjeros, sino a los propiamente incivilizados y feroces. Porque el emperador filósofo procuró también civilizar a sus enemigos en el campo de batalla. Cuando vencía a los caudillos de aquellos pueblos violentos, no los ejecutaba. Los mandaba a Grecia para que tomaran contacto con la cultura helénica. El castigo era ponerlos a estudiar. Quizá así, en contacto con la sabia Grecia, aquellos bárbaros podrían llegar a apreciar la superioridad de la humanidad clásica frente a la violencia a la que estaban acostumbrados. Marco Aurelio les dio una oportunidad de civilizarse, pero no puso nunca la otra mejilla. Cuando tuvo que proteger al imperio, combatió al enemigo sin dudar y con la máxima firmeza. Durante toda su vida defendió la frontera. Tras la victoria vendrá la clemencia, que no es perdón impune sino trato humanitario: un concepto ético y político que se basa en el entendimiento y en la transmisión de las ventajas de la civilización romana.

Algunos podrán acusar a Marco Aurelio e incluso a Séneca de etnocentrismo, de pensar que los bárbaros eran escoria y que Roma aniquiló a pueblos que tenían cierto nivel cultural. Dirán que los romanos consideraban bárbaros a los griegos y querrán reivindicar el modo de vida de todos los bárbaros. Pero hay cosas innegables que nadie puede tergiversar. En primer lugar, en la antigua Roma, el concepto de bárbaro se refiere a extranjero, no a persona maleducada. Los griegos eran bárbaros para los romanos, pero ellos se rendían a su cultura. Basta recordar el famoso verso del poeta romano Horacio: *Graecia capta ferum victorem cepit*,[120] es decir, Grecia conquistada (por Roma) venció a su fiero vencedor (es decir, venció a Roma con la fuerza de su cultura). La civilización romana llegó a ser grecolatina; Séneca entendía perfectamente la lengua griega, conocía en profundidad el pensamiento y el arte helénicos. El propio Marco Aurelio escribió su libro *Meditaciones* en griego, por ser esta la más alta lengua de cultura de aquellos tiempos.

Dicho esto, cuando los romanos hablaban de bárbaros, se referían a los extranjeros, sin la connotación que esta palabra tiene hoy día. A pesar de ello, había también pueblos bárbaros que respondían al concepto moderno, como los marcomanos, que atacaban continuamente y a traición las fronteras romanas. Aquellos bárbaros, además de ser extranjeros, eran un pueblo incivilizado, inculto y agresivo. Marco Aurelio quiso «civilizarlos», es decir, ofrecerles la cultura romana, que no era ya propiamente romana sino griega y estaba considerada la más avanzada de su época. En el siglo II, aquella civilización era ya más griega y helenística que latina. Y en eso radica el gran éxito de Roma, en asimilar desde el principio aquella cultura como propia y extenderla por las regiones de Europa, Asía y África que dominaron.

Aclarado esto, insistimos en que no hay etnocentrismo moderno, sino afán civilizador: el estoicismo procuró integrar a los bárbaros apartándolos de la violencia y exigiendo el respeto a las normas que asegurasen la convivencia. Es evidente que el mundo de hoy es muy distinto al de la antigua Roma, pero sigue exigiendo una postura inteligente a la hora de acoger a los migrantes. Hay que mejorar las condiciones en sus países de origen, atender a las causas y consecuencias de la inmigración, procurar racionalizar los flujos migratorios, ordenarlos, ocuparse de ellos y hacer un seguimiento del proceso. Los romanos como Séneca o Marco Aurelio contaron con una filosofía política llamada estoicismo, basada en el consenso y la racionalidad. Con este instrumento intelectual, procuraron afrontar el reto de la migración de forma justa y realista. Si se me permite la extrapolación, esas normas, que antes se recogían en la filosofía estoica y que procuraron abordar el problema desde un punto de vista más humano y a la vez ordenado, serían hoy algo equivalente, o algo parecido, a nuestra actual Declaración de los Derechos Humanos, muchos de cuyos preceptos están sacados de la antigua filosofía estoica y han llegado a nuestros días a través de la Ilustración y las modernas constituciones democráticas.

6. *Medio ambiente y ecología. La importancia del campo*

Nuestra época es la primera en la historia que ha puesto en peligro el equilibrio natural del planeta. Basta elevar unos grados la temperatura media con la contaminación reinante o desencadenar una hipotética guerra nuclear para poner en riesgo nuestra supervivencia como especie. El planeta seguirá girando, pero sin nosotros dentro. Este problema, que exige hoy garantías y soluciones inmediatas, no lo tuvo Séneca ni la Antigüedad. En la actualidad, debemos dar respuestas globales a cuestiones que nos afectan a todos. Es necesario, más que nunca, sentido de la responsabilidad e inteligencia. Y en esto sí podemos aprender del filósofo cordobés, del estoicismo en particular y de la mentalidad romana en general, que siempre mostró un amor a la naturaleza que aparece en todas sus manifestaciones artísticas, políticas, religiosas o culturales. Los propios dioses son naturaleza, en símbolo o realidad. Las más antiguas manifestaciones religiosas aluden a *Magna Mater* en sus formas de Cibeles, Isis, Ceres, etc. Estas diosas simbolizan la madre tierra, fértil y fructífera, que nos da vida a los seres humanos. La mentalidad romana estuvo siempre muy apegada al mundo rural y la naturaleza. Lo que hoy podríamos aprender de esta veneración por lo natural es que, si está en peligro el equilibrio medioambiental, habrá que hacer todo lo que esté en nuestras manos para preservarlo. Y el tiempo corre en nuestra contra, porque los sistemas tardan mucho en crecer y poco tiempo en derrumbarse: es lo que se conoce como «efecto Séneca», un término acuñado en 2017 por el profesor Ugo Barni, que se ha convertido en expresión habitual entre los actuales defensores del medio ambiente. La idea consiste en hacer notar que los procesos de descomposición y declive, como al que asistimos respecto al medioambiente, se producen de forma más rápida que los de crecimiento. Por tanto, el tiempo apremia, si queremos solucionar problemas como el cambio climático. La teoría se adapta también a los cambios sociales e históricos, y está basada en el siguiente texto de Séneca, que escribe en su Carta 91.6:

> Todo lo que una larga serie de generaciones ha levantado con mucho esfuerzo y con la continua indulgencia de los dioses, todo eso lo dispersa y destruye un solo día. Largo plazo dio a los males que se avecinan quien les asignó un día: una hora y un instante bastan para abatir los imperios. Algo de consuelo habría para la fragilidad de nuestra naturaleza, si todo tardara en perecer lo mismo que en crearse, pero el crecimiento se produce lentamente y la caída se acelera.

Idea que repite en el texto de su tragedia *Agamenón* ya citado:

> Si algo he aprendido bien es que los poderes más grandes pueden derrumbarse en un solo instante.[119]

La teoría del «efecto Séneca» ayuda a entender la urgencia de resolver los problemas que amenazan el clima y nuestro hábitat en general, objetivo que compartiría el propio Séneca, para quien la naturaleza es divina y proverbial, responsable del equilibrio de la vida, de las estaciones y la propia pervivencia de los seres vivos. Los estoicos no dejan de proclamar que el ser humano debe seguir a la naturaleza, vivir conforme a ella sin violentarla ni alterarla, pues nuestro mundo se concibe como si fuera un ser vivo, con sistemas y ritmos como los del hombre. Así, por ejemplo, entiende Séneca los fenómenos de la naturaleza como el rayo, los terremotos o las corrientes de agua. Y esta idea no pertenece al pasado ni es propia de misticismos acientíficos. Precisamente, a finales del siglo pasado, un químico llamado J. Lovelock planteó la hipótesis de que la Tierra funcionaba de forma semejante a como lo hacen los seres vivos: se regula automáticamente para mantener las condiciones que hacen posible la vida, muta y se adapta a los cambios, tiene sus ritmos y características propias de un sistema autorregulado que tiende a la homeostasis y que se asemeja al de otros seres vivos. Esta hipótesis se conoce como *Gaia*, en honor a la diosa griega Gea, madre tierra, de donde proceden palabras como geología o geografía y es una teoría que encaja como un guante en la filosofía estoica, lo que me hace pensar que las ideas de aquellos pensadores de la Antigüedad siguen inspirando a los científicos de hoy.

El espíritu romano no abandonó nunca su amor al campo y a la tierra. A pesar de haber construido un Imperio basado en sociedades urbanas, Roma siempre se sintió orgullosa de sus orígenes campesinos, porque aquella vida representaba sus valores tradicionales, los que estaban ligados a los inicios de su civilización.

Los romanos fueron en su origen un pueblo de agricultores y ese carácter marcará su postura ante la vida. El propio Virgilio lo explica en sus versos: «*labor omnia vincit*»,[121] el esfuerzo lo vence todo, es decir, las dificultades se superan a través del esfuerzo y la paciencia. Nada más estoico que esta frase, que está aplicada al mundo del campo. Porque estos valores los conoce bien el agricultor, en cuyo trabajo no basta con sembrar y labrar la tierra; hay que esperar también la ayuda de las fuerzas de la naturaleza, la llegada de los vientos y las lluvias; hay que observar el cambio de estaciones, esperar el momento favorable para las labores, evitar las plagas. Y precisamente la palabra latina *labor* está en el origen de todos estos términos españoles relacionados con el trabajo y el esfuerzo: labor, laborar, labrar, laborable, labranza, elaborar, colaborar, etc.

La laboriosidad es un valor tradicional romano que se acrisola en el estoicismo y que genera otros más. El campesino que se esfuerza en su trabajo necesita ser previsor y prudente (*prudentia*), virtudes que están en la base de la sabiduría; debe ser igualmente tenaz y constante en sus acciones (*constantia*), esforzado en su labor y resistente (*fortitudo*); y también capaz de soportar las adversidades que se presenten (*patientia*). Estas son precisamente las virtudes esenciales del estoicismo, que se reflejan en todos los ámbitos de la vida, no solo en el rural o en su relación con la naturaleza, a la que el estoico respeta y venera, pues la experiencia le enseña a ser humilde, trabajador, sencillo, honrado, sobrio, esforzado y paciente.

Estas virtudes éticas son las mismas que el estoicismo aplica a la vida cotidiana, a la política, a la sociedad y el individuo. También al mundo rural, que Séneca conoció bien, como buen romano. Sabemos que poseía viñas cerca de Roma, que tuvo tierras en Egipto y que le gustaba dedicarse personalmente a la supervisión de sus fincas rústicas. Las fuentes hablan de él como un hábil gestor. Dedicó más atención a sus propiedades rurales sobre todo en lo últimos años de su vida, cuando Nerón había iniciado un camino sin retorno hacia la tiranía. Fue entonces cuando Séneca se apartó de él todo lo que le permitieron las circunstancias. Visitó sus viñas y asistió a clases de filosofía en un intento de recuperar sus orígenes, los principios de la tierra y el conocimiento, que siempre fueron guía en su lucha filosófica, social y política.

El campo fue, por tanto, refugio del sabio en los últimos años de su vida. Pero no como el *locus amoenus* del poeta, ni en el sentido del retiro ocioso que defendieron Horacio o Fray Luis de León. Séneca se retira a sus viñas, para supervisar aquellas tierras que tan bien conoce y visitar las fincas cuya producción sabía duplicar gracias a su inteligencia empresarial. Demuestra el cordobés un verdadero conocimiento de las labores del campo, no de forma teórica e impostada, sino fruto de una experiencia y dedicación reales. En sus obras, da consejos prácticos y hace observaciones muy acertadas sobre el cultivo de habas, mijo, alfalfa, olivos y vides. Pero lo más curioso de todo es que Séneca no deja nunca de lado sus inquietudes sociales, ni siquiera cuando habla del campo, pues este le sirve también para hacer referencia a la ética, la gran pasión que dirigió todas las esferas de su vida. Obsérvese cómo en la carta 112 explica la manera en que debe hacerse el injerto de la vid:

> No soporta el injerto cualquier cepa de vid: si está vieja y carcomida, si es endeble y demasiado delgada, o no admitirá el retoño, o no lo alimentará: ni se unirá a él, ni le transmitirá sus cualidades y naturaleza. Así, pues, solemos realizar la incisión por encima de la tierra, de modo que, si no responde, podamos hacer un segundo intento y, repetida la operación, aplicar el injerto bajo tierra.[122]

E inmediatamente después, la descripción técnica agrícola deja paso a la valoración ética. Séneca emplea la metáfora de esta vid endurecida para aplicarla a las personas que están endurecidas por sus vicios y no admiten la savia de la sabiduría:

> Este hombre sobre el que me escribes y que me recomiendas no tiene vigor: ha cedido a los vicios. Está marchito y endurecido al mismo tiempo; no puede recibir la sabiduría, no puede alimentarse de ella.[123]

La metáfora de la vid le sirve a Séneca para explicarle a Lucilio que aquel amigo suyo no puede acoger la sabiduría, del mismo modo que algunas vides no admiten, por su falta de vigor, un injerto.

El ser humano es un reflejo de la naturaleza, también a escala social. En la mentalidad de Séneca, el respeto y la preservación de la naturaleza es un imperativo moral que se relaciona con su visión del mundo y la política. Todo forma parte de un conjunto mayor aún.

Hemos dicho que, en los últimos años de su vida, Séneca se dedicó a supervisar y explotar sus viñedos. Es un experto olivarero y vinicultor. Es también un buen productor. Lo sabemos por una alusión que hace el escritor romano de Cádiz Columela, que habla de una finca que Séneca poseía en la localidad de Nomento, cerca de Roma. Nos dice que el filósofo sabía invertir en el campo e innovar con técnicas agrícolas que le permitían obtener un rendimiento extraordinario.

Plinio el Viejo, en el libro XIV de su *Historia Natural*,[124] explica que esa finca de Nomento la compró Séneca entre los años 61 y 64 d.C. a un tal Quinto Remio Palemón, un liberto que había estado a las órdenes del emperador Claudio. Le pagó por ella cuatro veces más que lo que le había costado a su anterior dueño. Y supo multiplicar los beneficios tal como explicaba Columela, uno de los mayores expertos en agricultura de su época.[125]

Gracias a anécdotas de este tipo se puede observar que, en tiempos de Séneca, el amor a la naturaleza y la preservación de la misma no estaban reñidos con la explotación agrícola. Aquel cordobés universal mostró siempre apego y cariño al mundo rural y a la naturaleza. Lo estudió y lo conoció bien. Desde el pasado nos da una lección a la sociedad actual, que asiste impasible al cambio climático y al despoblamiento del mundo rural.

7. Política y derechos humanos

A pesar de todos los matices y las tergiversaciones de antes y de ahora, hay un hecho incontestable en el pensamiento político de Séneca: su firme oposición a la tiranía, a la autocracia, a las dictaduras de cualquier signo. De hecho, él murió a manos de Nerón por oponerse a su despotismo.

Séneca fue siempre un gran defensor de la libertad y de la moderación, de la dignidad humana y el buen gobierno. Y no se quedó en la teoría. No se limitó a escribir libros, que son hoy día ejemplos de cultura y humanidad. Pasó a la acción e intentó frenar la deriva absolutista de algunos emperadores autócratas. No olvidemos que fue condenado a muerte por Calígula, Claudio y Nerón. Habiéndosele conmutado la pena en el caso de los dos primeros, fue este último tirano quien le ordenó morir. Solo por este hecho, se demuestra que Séneca se metió de lleno en el mundo de la política de su tiempo. Quiso ser útil a la sociedad. Fue un hombre coherente que acompañó sus ideas a su actividad pública. Mientras estaba exiliado en Córcega, precisamente por motivos políticos, hubo un cambio de poder en Roma y Agripina consiguió que le perdonaran el destierro. Le propuso entonces que se convirtiera en maestro de su hijo Nerón. Séneca aceptó siendo consciente de las consecuencias: sabía que su imagen de filósofo honesto se vería oscurecida necesariamente por su proximidad al poder. Pero aceptó: se le ofrecía la posibilidad de educar a quien estaba llamado a ser el siguiente emperador. Si todo salía bien, el advenimiento de Nerón al imperio proporcionaría a Roma un régimen político estable y justo, que garantizaría la equidad y el progreso al estilo de la filosofía estoica. El hijo de Agripina era entonces menor de edad y, siendo él su preceptor, se le abría a Séneca la posibilidad de educarlo en el respeto y la moderación, en la buena política. La historia nos demuestra que fracasó en su misión, pero no podemos negar que el filósofo puso todo su empeño en alcanzarla.

Su libro más político es *De clementia*. En él hace un repaso de las principales virtudes que pueden inspirar un buen gobierno, dirigido por la racionalidad y orientado hacia el bien común. Entre ellas se encuentra la que da título a la obra. Clemencia es sinónimo de moderación y justicia, una especie de presupuesto político que hoy se encuentra en los preámbulos de todas las constituciones avanzadas del mundo: respeto a la dignidad humana, justicia, equidad, bien común, garantías judiciales, libertad. Pero en tiempos de Séneca, estos ideales no eran un mero preámbulo, sino un ambicioso programa que pretendía frenar la tiranía y que era muy difícil de implantar en la Roma de entonces. El filósofo pretendía acabar con los asesinatos de senadores y las confiscaciones que se llevaron a cabo en los reinados anteriores bajo la excusa de la ley de lesa majestad. Esa represión y crimen de Estado es lo que siempre criticará Séneca, que quiso imponer sus ideas estoicas de libertad y buen gobierno en los usos políticos de principios del Imperio. Lo intentó con todas sus fuerzas, pero Nerón frustró sus esperanzas. Condenó a muerte a su antiguo maestro y originó un baño de sangre. El cine lo presenta como un maníaco narcisista que se atrevió incluso a incendiar Roma para construirse una inmensa mansión sobre los terrenos calcinados. Y el cine lo muestra también culpando a los cristianos del incendio, echándolos a los leones o crucificándolos para usarlos como antorchas humanas. Séneca no pudo educar a aquel emperador criminal, pero sí sembró en sus libros, y con su ejemplo vital, la semilla del buen gobierno, del respeto a la ley y a la dignidad humana. Treinta años después de su muerte subió al trono Nerva, y le siguieron los hispanos Trajano y Adriano, luego los antoninos, Antonino Pío y Marco Aurelio. Hemos visto que aquellos césares del siglo II gobernaron según la ideología estoica, a la que todos ellos pertenecieron, y fueron digno fruto de aquella semilla política que plantó Séneca en su día. El último de aquellos emperadores buenos del siglo II, Marco Aurelio, era también oriundo de Córdoba y filósofo estoico, como Séneca. Escribió un libro titulado *Meditaciones*, donde criticaba la dominación y la tiranía, para defender en todo momento la libertad:

> Ama y vive sin convertirte en tirano ni en esclavo de ningún hombre.[126]

Las palabras de Marco Aurelio han inspirado a los intelectuales y políticos de todos los siglos, pues ha pasado a la historia como un ejemplo de buen gobernante, un espejo de príncipes que siempre defendió la ética en el poder y criticó el despotismo. Incluso inventó un nuevo término, una palabra que no existía en griego, lengua en la que escribió las *Meditaciones*: «cesarizar», como sinónimo de gobernar tiránicamente.

> ¡Cuidado! No cesarices, no te tiñas siquiera de cesarismo, porque es fácil dejarse llevar. En vez de eso, mantente sencillo, bueno, auténtico, respetable, sin arrogancia, amante de lo justo, piadoso, benévolo, afable, firme en el cumplimiento del deber.[127]

En la misma línea que Séneca, Marco Aurelio quiso aunar ética y política. Ambos estoicos creen que, al igual que al mundo lo gobierna el orden, la razón y las leyes de la naturaleza, así al ser humano lo debe gobernar la racionalidad. Y a las sociedades también, porque las personas encontramos nuestro lugar en la relación con los demás, dentro de una comunidad que, para los estoicos, debe ser cosmopolita y universal, organizada políticamente según la razón, facultad que a todos nos une y nos hermana. Séneca predicaba la fraternidad universal y la superación de los estrechos límites de la ciudad o la patria. La política debe ser universal, aunque respetuosa con todas las experiencias morales, religiosas, ideológicas o culturales de cada cual, siempre que se subordinen a las directrices filosóficas del estoicismo, que constituyen el marco común de convivencia.

La política sirve para armonizar las relaciones entre individuo y sociedad, cuyos intereses no son opuestos sino complementarios. Seneca reivindica siempre al ser humano como individuo, pero también insiste en que somos seres sociales, que debemos aprender a vivir con los demás y ser capaces de organizar un modelo de convivencia basado en la justicia y la tolerancia. Marco Aurelio coincide punto por punto:

> Los seres racionales han nacido los unos para los otros, la tolerancia es parte de la justicia.[128]

Pues el individuo encuentra pleno sentido en su vertiente social:

> El bien de un ser racional es la comunidad. Hemos nacido para vivir en comunidad.[129]

Estas ideas estoicas, aplicadas al mundo de la política, llevaron al éxito a aquella dinastía del siglo II, que gobernó el llamado Siglo de Oro del Imperio, pues aquellos buenos gobernantes garantizaron una centuria de paz y progreso al mundo romano.

Los reinados de Nerva, Trajano y Adriano, fueron excelentes. Tras ellos llegaron al trono Antonino Pío y Marco Aurelio, emperadores emblemáticos que dieron nombre a la dinastía. Todos ellos mantuvieron buenas relaciones con el Senado. Promovieron el progreso económico y la justicia social. Lucharon contra la corrupción, premiaron la honradez y llevaron a cabo una buena gestión económica. Durante su reinado hubo control y esfuerzo por evitar todo abuso de poder. En materia judicial se preocuparon por mejorar las leyes. En concreto, Marco Aurelio realizó reformas sociales y económicas que ayudaron a proteger a las capas más necesitadas de la población. A pesar de las dificultades que hubo de afrontar durante su reinado: guerras, pestes, catástrofes naturales…, puso en marcha iniciativas de tipo administrativo, económico y legal que convirtieron al Estado en un organismo más eficaz y solidario. Aumentó el número de funcionarios. Dotó de medios a la justicia. Incrementó el número de procuradores. Otorgó al Senado más poderes. Buscó fortalecer el papel de los jueces y darle más independencia. Es llamativo el hecho de que en un Imperio como el romano, donde el césar ejercía un control total, Marco Aurelio siempre quisiera compartir el poder o, al menos, compartir sus decisiones y delegar algunas otras. Heredó el trono en solitario, pero se empeñó en ocupar la jefatura del Estado junto con su hermano Lucio Vero, dos emperadores en igualdad de condiciones, como fue el deseo de Adriano. Respetó en todo momento la opinión del Senado. Siempre pedía permiso a la Curia para hacer gastos y les rendía cuentas en todo momento, aunque no tenía obligación ninguna de hacerlo. En el ámbito legislativo benefició a las mujeres y esclavos, estratos sociales desfavorecidos que había que ayudar y proteger. Esta forma de ejercer el poder, de concebir la política y la sociedad, tiene su origen en el pensamiento de Séneca y en el estoicismo en general, que siempre estuvo preocupado por defender la libertad y procurar que todas las personas tuvieran garantizada la posibilidad de desarrollar su condición de seres racionales, para vivir así en justicia y equidad.

Séneca es pionero de aquella forma de entender la política y las relaciones humanas, pues es el primer pensador de la historia en declarar abiertamente lo que hoy podríamos llamar una declaración sobre la dignidad de todos los seres humanos, incluidos los esclavos, algo inaudito hasta su tiempo. La argumentación la hace en la carta número 47 de su libro *Epístolas a Lucilio*. En ella defiende la dignidad de todos los seres humanos independientemente de su extracción social, raza o condición. En esto se está adelantando en casi dos milenios a uno de los postulados básicos y más recurrentes que se repiten hoy en todas las constituciones democráticas del siglo XXI, emanada del primer artículo de la

Declaración Universal de los Derechos Humanos: «Todos los seres humanos nacen libres e iguales en dignidad». El origen de este concepto se remonta a la idea de derecho natural de la Antigüedad romana, concretamente en el estoicismo, pero no aparece por primera vez hasta que lo enuncia y desarrolla Lucio Anneo Séneca.

Hoy solemos mirar a la Antigüedad desde una superioridad moral e intelectual que es falsa; criticamos las grandes conquistas sociales del pasado centrándonos solo en los defectos, para así echar por tierra lo que tienen de valioso; hablamos de la democracia ateniense, pero la criticamos por imperfecta, por discriminatoria, al no dejar lugar a mujeres, esclavos o extranjeros; criticamos a la sociedad griega y romana porque eran esclavistas y patriarcales, pero no valoramos los grandes logros de aquella civilización ni la aprovechamos para construir hoy sociedades más justas. Las democracias actuales también son imperfectas y muchas veces, en la práctica, no resuelven los grandes retos y desigualdades. Nuestras sociedades se encuentran continuamente amenazadas por la autocracia, como aquellas antiguas lo estuvieron por viejos tiranos como Nerón o Calígula. Nos creemos que hemos aprendido a respetar la dignidad de los demás, pero ese valor ético hay que alimentarlo día a día, con la cultura y la inteligencia con que Séneca lo defendió durante toda su vida. En muchos países, en pleno siglo XXI, se sigue atentando contra la visibilidad de la mujer, se perpetúa el crimen y la pobreza, no se respetan los derechos de las minorías, etnias o colectivos como el LGBT. Séneca, ya en su tiempo, fue pionero a la hora de defender la dignidad de todas las personas y su valía como seres humanos, no inferiores a nadie. Era impensable entonces acabar con la esclavitud, que no desapareció oficialmente hasta el siglo XIX, pero que pervive incluso hoy día, no de modo institucionalizado como antaño, pero sí bajo formas parecidas de humillación y servidumbre que padecen determinadas personas en razón de su estatus socioeconómico o su lugar de origen: son modos de discriminación más sofisticados, pero igualmente destructivos para el ser humano.

Si dejamos atrás esa arrogancia con que muchos miran aún al pasado, todavía hoy podemos leer a Séneca para tomar conciencia de la dignidad propia de cada individuo por el hecho de serlo; una dignidad que no se ve empañada por la condición y orientación sexual, por su género o etnia ni por los dígitos de su cuenta corriente.

Séneca formula claramente esta idea y lo hace cuando trata del tema de la esclavitud. Ningún griego o romano había hablado antes de la dignidad de los esclavos. Siempre los habían definido como objeto, como seres inferiores por naturaleza, como instrumentos parlantes, pero nunca como personas. Séneca es el primero que habla del esclavo como ser humano, como individuos que tienen la misma dignidad que cualquier otro, sean amos o siervos, como hombres que, por su propia naturaleza, son dignos, independientemente de su condición social.

> Me han dicho quienes frecuentan tu casa que tratas a tus esclavos con familiaridad. Este detalle dice mucho de tu humanidad y demuestra tu cultura. «Es que son esclavos», dicen algunos. Sí, y también son seres humanos. «Es que son esclavos», vuelven a decir. Sí, y también compañeros. «Es que son esclavos», insisten. Sí, y también amigos humildes. «Es que son esclavos», vuelven a repetir. Sí, y también son compañeros de servidumbre. Piensa que la diosa Fortuna domina por igual sobre amos y siervos. Todos somos sus esclavos. Por eso me río de esos que consideran una vergüenza incluso cenar con su propio esclavo».[130]

Hoy, en pleno siglo XXI, quizá no nos parezcan tan revolucionarias las palabras de Séneca, cuando defiende la dignidad de los esclavos. En nuestras actuales sociedades democráticas, aunque solo sea a nivel formal, la mayoría tiene asumida la idea de que todos los seres humanos somos iguales en dignidad. Pero esta mentalidad no era la de la Antigüedad grecolatina. El mundo antiguo conoció la esclavitud como institución social estructural y quienes tuvieron la desgracia de nacer esclavos o convertirse en ellos carecieron de todo derecho, e incluso de la mera consideración de personas. En la antigua Grecia, el propio Aristóteles decía que los siervos eran demasiado estúpidos como para poder estudiar filosofía. Séneca le llevará la contraria cinco siglos después. Abogará por la dignidad del esclavo. Y curiosamente, los hechos le darán la razón: un griego de época romana llamado Epicteto, que tenía diez años cuando Séneca murió condenado por Nerón, llegó a convertirse en un excelente filósofo estoico, uno de los tres mejores junto al propio Séneca, que le precedió, y el emperador Marco Aurelio, que vivió después de él. Pues bien, Epicteto refutará a Aristóteles. Él había sido esclavo y también filósofo. Platón pensaba igual que Aristóteles: decía que los siervos no estaban para cultivarse sino para cultivar los campos. El gran filósofo quiso hacer un juego de palabras que hoy no nos hace gracia, pero que en su tiempo quiso ser ingenioso. Refleja, desde la altura aristocrática de aquellos filósofos griegos, el desprecio a algunos seres humanos que consideraban inferiores y a los que negaban la misma dignidad que al resto. El propio Sócrates le pide a un esclavo hacer un ejercicio de geometría, imbuido en esa misma mentalidad. Y lo que dicen los tres grandes de la filosofía griega sobre la esclavitud no hay que tomarlo a mal, simplemente demuestra que la postura griega ante los esclavos es la propia de la sociedad y del tiempo en que aquellos hombres vivieron. No podemos culparlos de que la idea de la dignidad humana no hubiera nacido aún. Sería un anacronismo injusto, igual que si quisiéramos culparlos de no haber descubierto la imprenta. Había que esperar la llegada de Séneca cinco siglos después, porque entre los propios filósofos o pensadores romanos tampoco hubo grandes diferencias respecto a esta mentalidad esclavista de discriminación hacia unas personas que no tenían el reconocimiento de tales. De hecho, los primeros filósofos romanos transitaron por los mismos caminos que los griegos. Y los estoicos también: Catón, símbolo del estoico de la antigua República romana, llegó a definir al esclavo como un *instrumentum vocale*, instrumento vocal, es decir, una herramienta que habla. El sintagma, en género neutro, indica que el siervo no es considerado ni siquiera persona, no tiene esa categoría. Es más bien un objeto, un instrumento, una herramienta, sin derechos, sin valor como ser humano y, por supuesto, sin dignidad como tal. Tampoco los epicúreos, que buscaban la felicidad en el placer, tuvieron la intuición prodigiosa de Séneca. El propio poeta Horacio, creador del tópico literario del *Carpe diem*, cuando paseaba con su esclavo por el campo, comentaba en una de sus sátiras que era muy agradable pasear solo por el campo. Por supuesto era como si paseara en soledad. En aquellos tiempos los esclavos no eran personas, ni aquel que acompañaba al poeta aportaba entidad humana de ningún tipo, porque en la mentalidad romana de la época el esclavo es un instrumento, un objeto. No una persona.

La postura de Séneca, que vivió solo una generación después de aquellos otros romanos, fue muy diferente a la de sus predecesores. En esto, como en tantos otros temas, fue un adelantado a su tiempo. En la misma carta, un poco más adelante, va incluso más allá:

> Piensa que ese que llamas esclavo tuyo ha nacido de la misma semilla que tú, disfruta del mismo cielo, respira igual que tú, vive igual que tú y muere igual que tú. Lo mismo puedes tú verlo a él libre como él a ti esclavo.[131]

El respeto y aprecio a todos los seres humanos es para Séneca reflejo de sabiduría y vía hacia la felicidad; porque no hay felicidad en el abuso de unos sobre otros, sino en la solidaridad común y en el aprecio mutuo. Las palabras del filósofo cordobés son una lección de ética, de derechos humanos y humanidad. Quien está hablando del respeto a otras personas de inferior condición, en el contexto de una sociedad tan aristocrática como la romana, es uno de los hombres más ricos del Imperio, alguien que ha ocupado durante varios años la cumbre del poder. Precisamente de él, de Séneca, salen estas palabras tan humanas y modernas:

> Te equivocas si crees que yo voy a rechazar a nadie porque se dedique a trabajos considerados demasiado sucios, como los que cuidan mulas o bueyes: nunca los valoraré por sus oficios sino por sus virtudes. Cada uno se fragua su carácter, los oficios los reparte el azar.[132]

Séneca no cree en la nobleza de nacimiento sino en la aristocracia de las virtudes. Los seres humanos, iguales todos en dignidad, sobresalen por sus valores, por su sabiduría, entendida como esfuerzo de voluntad e inteligencia. Aquel fue uno de los hombres más poderosos de Roma, alguien que gobernó el Imperio romano a la sombra de Nerón, pero nunca miró a nadie por encima del hombro, sino que reivindicó la libertad moral y la solidaridad. A pesar de su gran riqueza, no vivió entre lujos, sino que invirtió el dinero en el bien común. Siempre criticó la tiranía y la violencia. Pero uno de sus mayores hallazgos intelectuales y morales fue esta idea de igualdad y fraternidad, palabras que son un bello canto a la dignidad humana. Y Séneca lo expresa con tintes incluso poéticos. No olvidemos que el filósofo cordobés fue también un gran poeta. Dice que el esclavo nace de las mismas semillas que cualquiera de nosotros (*ex iisdem seminibus ortum*), disfruta del mismo cielo (*eodem frui caelo*), vive igual, respira igual, muere igual. Sigue explicando Séneca a su amigo Lucilio que los esclavos son hasta cierto punto «*conservi*», es decir, compañeros de servidumbre. Porque, ¿quién no es esclavo de sus pasiones? ¿De la codicia? ¿De la ambición de poder? Precisamente la inteligencia y la felicidad consisten en reivindicar nuestra propia libertad frente a lo que nos esclaviza. Y la peor esclavitud es la voluntaria, la que nos hace caer en vicios del alma que nos arrebatan la libertad y la felicidad. Quienes fueron siervos en virtud de su nacimiento o condición social no eligieron el camino de la esclavitud. Aquellos hombres y mujeres recibieron por caprichos del azar una situación desfavorecida, como quien hoy nace pobre en África. La fortuna había colocado a los esclavos en esa posición de desventaja, pero Séneca insiste en que su dignidad es igual a la de cualquier otro ser humano. Es una afirmación que hoy vemos obvia a todas luces, pero que, en la sociedad romana de hace dos mil años y en una situación de poder como la que ocupó Séneca, supuso una de las cotas más altas que se han alcanzado en la defensa de la dignidad de todos los seres humanos. Ya solo, de por sí, con esta valiente carta, que a muchos esclavistas romanos y amos poderosos de aquel tiempo se le habría atragantado, Séneca merece un puesto de honor en la historia de la cultura y la civilización. También como ejemplo de la buena política y la defensa de los derechos humanos. Sin salir de esta carta, las frases de Séneca nos recuerdan a las de tantos filósofos y humanistas posteriores que se inspiraron en sus reflexiones morales: estas sirven tanto para la esfera ética del individuo como para la política:

> Con todo, he aquí la esencia de mi consejo: trata a tu inferior como querrías que te tratara tu superior.[133]

Ya hemos defendido que el hecho de que Séneca sea el primer pensador que proclame abiertamente la dignidad de todos los seres humanos le otorga, por derecho propio, un lugar eminente en la historia del pensamiento universal, pero su trascendencia no queda solo ahí. Diversos estudiosos y juristas[134] explican que esta afirmación del cordobés supone un giro copernicano en cuanto que la dignidad que él proclama se convierte en la base para la creación de nuevos derechos humanos que llegarían hasta hoy, pues el derecho a la dignidad y a una vida digna abarcan también otros como los medioambientales, el derecho a la información, a alimentación y vivienda dignas o de acceso a internet. Todos estos derechos parten de esa dignidad primera, de la concepción del ser humano como algo sagrado para el hombre (*homo res sacra homini*), por cuanto esta declaración implica que toda persona, independientemente de las circunstancias, merece un respeto como individuo en base a esa dignidad que todos compartimos y que es inalienable. Esto sitúa al ser humano como partícipe de una comunidad universal, es decir dotado de los derechos que le otorga un *ius humanum* universal. Así es, pues los emperadores que gobernaron en siglos posteriores, especialmente los antoninos hispanos, procuraron implementar estos derechos y legislaron a favor del bien común, del beneficio a los más desfavorecidos, mujeres y esclavos. Se esforzaron por generar leyes y edictos que dieran forma jurídica a esta afirmación senequista acerca de la dignidad humana. Por eso, este paso lo da Séneca y se da en Roma, un mundo que llevó el derecho a cotas no vistas hasta entonces, hasta el extremo de que el derecho romano es la base jurídica de los derechos democráticos de los países en que vivimos actualmente. Séneca llevará el estoicismo a alturas no conseguidas hasta ahora, insertando la filosofía griega en el terreno de lo político y jurídico con aportaciones esenciales como es el concepto de la dignidad humana.

8. *El fanatismo religioso*

El estoicismo no es una secta filosófica ni tiene nada que ver con lo que hoy entendemos por religión. Es, ante todo, una corriente de pensamiento que defiende el racionalismo y la moderación. En Roma, aceptó la religión tradicional y la divinización del emperador como protocolo de poder. Pero consideró la mitología grecorromana como un conjunto de leyendas que no reflejaban el verdadero aspecto de la divinidad. Tampoco los dioses egipcios y orientales. A pesar de ello, Séneca nunca los despreció sino que los estudió con detenimiento, pues los concebía como alegorías de la divinidad estoica, esa especie de alma del Universo, que es un conjunto perfectamente ordenado que se identifica con lo divino. En ese aspecto, como buen estoico, aceptaba cualquier religión como opción libre y personal, pero no podía admitir que ninguna confesión particular se impusiera en el plano espiritual, ni mucho menos en el político. En sus escritos, critica la utilización de la religión como instrumento de poder, en alusión concreta a los cultos orientales como el de Isis, Cibeles o el judaísmo. En tiempos de Séneca, aquellos usos religiosos estaban relacionados con formas políticas absolutistas donde sus reyes, caudillos o faraones eran considerados dioses y, como tales, ejercían un poder total. Los romanos de finales de la república como Pompeyo o César habían entrado en contacto con esos pueblos orientales y, en sus conquistas, fueron tratados como semidioses, en el sentido de hombres extraordinarios que estaban por encima del resto de los mortales. Sin ir más lejos, la propia Cleopatra era considerada la reencarnación de la diosa Isis. Y esta identificación entre lo divino y el poder era una idea que alarmó a los romanos republicanos y los volvió contra César, que aspiraba al control absoluto de Roma y sabía que su asociación personal con el elemento religioso beneficiaba sus fines. Precisamente esta forma de concebir la política en Oriente, donde sus gobernantes quedaban asociados a lo divino, estuvo en el origen del proceso de divinización de Julio César tras su asesinato y en el hecho de que, posteriormente, se impusiera en Roma la costumbre de divinizar a los emperadores romanos a su muerte, en una ceremonia conocida como apoteosis. Esta es una palabra griega formada por la raíz *teo*, que significa dios, y de la que proceden términos españoles como teocracia, teología o ateo, incluso nombres propios como Teodora o Teodosio. Divinizar al emperador fallecido se había convertido en un protocolo de poder que justificaba el mando absoluto sobre Roma y que los senadores de entonces toleraron siempre que fueran meras honras fúnebres, pero el verdadero peligro estuvo a cargo de emperadores como Calígula, que se creyeron dioses en vida, y que exigieron a sus contemporáneos que les rindieran culto como al resto de las divinidades. O como hizo después Domiciano, que obligaba a todos a dirigirse hacia él con el título *Dominus et Deus*, Señor y Dios. Esto estaba muy lejos de esa primitiva ceremonia de apoteosis. Ahora se había convertido en un abuso descarado de la tiranía, contra la que siempre luchó Séneca, y el estoicismo en general, que podía admitir protocolos de poder simbólicos, pero nunca el uso político de las religiones. Desde este punto de vista se comprende la crítica del filósofo a los cultos orientales, no en cuanto religiones en sí, sino por su asociación con la dictadura y el despotismo.

Séneca entiende que las diferentes religiones afectan a la intimidad espiritual de cada cual, pero no pueden pretender imponer sus criterios a una sociedad, que entonces se convertiría en autócrata. Contra esto luchó en todo momento el filósofo, que escribió un libro, hoy perdido, titulado *De superstitione*. Por los comentarios de San Agustín,[135] sabemos que, en él, Séneca criticaba la teología política, lo que hoy llamaríamos teocracia. En este, como en otros aspectos, parece adelantarse a su tiempo, al delimitar con claridad los ámbitos religioso y político, con intención de evitar el abuso de poder y la manipulación ideológica. En otras obras suyas que sí conservamos, censuraba los cultos mistéricos extranjeros, tanto los judíos como los de las diosas Cibeles e Isis, ritos muy alejados de la tradición romana y que estaban relacionados con el poder absoluto, la magia y la irracionalidad. Para el filósofo, estas religiones, infiltradas en el poder, amenazan el concepto que él tiene de la política: el racionalismo estoico. Conocemos cómo eran estas ceremonias gracias a algunos textos que las describen: los iniciados se hacían cortes en los brazos, se vestían con telas de lino y tocaban un instrumento musical con cascabeles llamado sistro. En las procesiones de estas divinidades, las sacerdotisas daban alaridos simulando estar poseídas por los espíritus. En el caso de la diosa Cibeles, *Magna Mater*, conocida hoy por su famosa estatua madrileña donde aparece en un carro tirado por leones, los sacerdotes usaban vestidos femeninos y solían castrarse en una especie de ceremonia en que recordaban a Atis:

> Cuando uno, agitando el sistro, miente porque así se lo han ordenado, cuando otro, diestro en hacerse cortes en el cuerpo, ensangrienta sus brazos y hombros y los levanta para exhibirlos, cuando otra da alaridos mientras se arrastra de rodillas por la calle, y un viejo vestido de lino, que lleva un laurel y un candil en pleno día, grita que no sé qué dios está enfadado, todos vosotros acudís y escucháis y afirmáis que está inspirado por los dioses y os alimentáis vuestro asombro unos a otros.[136]

No debemos alimentar la irracionalidad, aunque se disfrace de religión. Pues lo que más preocupaba a Séneca en estos ritos no era la magia o el delirio, sino el uso político que se hacía de ellos en la Roma de su tiempo. El filósofo de Córdoba no está en contra de ninguna manifestación religiosa. Las ha estudiado, como otras facetas de lo humano, y las conoce bien. Ha vivido en Alejandría y ha analizado en profundidad el origen de las religiones griega y egipcia. Séneca no se opone a la libre creencia de cada cual, pero está en contra del fanatismo religioso. Sabe que estos ritos apoyan una ideología absolutista, dictatorial, alejada del concepto de libertad política que quiere ver triunfar en Roma. Y en el momento en que escribe sobre ellas, se están convirtiendo en una amenaza para sus planes de buen gobierno, porque han entrado en las estancias de palacio y les prestan oídos los propios Nerón y su amante Popea. Hace tiempo que el emperador ha iniciado el camino hacia la tiranía y estas prácticas religiosas se acomodan mejor al despotismo que la racionalidad política que propugnaba Séneca. El filósofo se da cuenta de que el emperador se aleja de la idea de providencia, de ese dios estoico que se relaciona con la naturaleza y es reflejo de la armonía del universo. En su lugar quiere gobernar fomentando unas religiones mistéricas que no rendían culto a la racionalidad, sino la autocracia y el poder absoluto. Por eso Séneca se opuso a que estas ideas se hicieran dominantes en el ámbito de la política: suponían un apoyo más para la tiranía. De hecho, Popea, amante del césar y gran enemiga del filósofo, era muy aficionada a las ceremonias judaizantes y el propio Nerón, según cuenta Suetonio,[137] tenía gran simpatía por el culto de la diosa siria. Esto no es una anécdota sin importancia: supone alejarse de la política tradicional romana, en el sentido de cambiar la libertad y racionalidad políticas que defiende Séneca por la tiranía de Nerón. Un año después el filósofo escribió su libro *Exhortationes*, donde desarrolla estas ideas de forma más profunda. La obra no se ha conservado, pero los datos con los que contamos nos indican la decidida oposición de Séneca al uso de la religión con fines políticos.

9. La afectividad: amistad, amor y familia

Séneca tiene un altísimo concepto de la amistad: este es un sentimiento sincero que no puede estar movido por intereses de ningún tipo:

> Amistad verdadera que no la rompen ni las esperanzas, ni el miedo ni el afán de los propios intereses, amistad con la que los hombres mueren, por la que mueren.[138]

Es tan fuerte el sentimiento de amistad para los estoicos que incluso Séneca estuvo dispuesto a arriesgar la vida por sus amigos. Traicionarlos habría sido como traicionarse a sí mismo. De hecho, el filósofo estuvo a punto de morir bajo Calígula por defender a su amigo Getúlico y también sufrió la condena de Claudio y Mesalina por proteger a otra persona que no conocemos, pero que pudo ser con mucha probabilidad Julia Livila:

> Gayo (Calígula) no consiguió que traicionara a mi amigo Getúlico. No pudieron Mesalina y Narciso, enemigos del pueblo romano mucho antes de serlo de sí mismos, torcer mi fidelidad hacia otras personas, cuya amistad significaba la condena. A cambio de ser leal a mis amigos, ofrecí mi cabeza. No consiguieron arrancarme una sola palabra que no fuera pronunciada dejando a salvo mi conciencia. Siempre tuve miedo por mis amigos, no por mí; excepto el temor de no haber sido con creces buen amigo.[139]

Séneca tuvo pocos amigos de verdad, pero les fue fiel hasta el último momento. Sabemos por sus cartas que lloró amargamente la muerte de su amigo Sereno, a pesar de que los estoicos deben saber soportar la adversidad con entereza. Este es uno de los aspectos que hacen de Séneca un pensador tan cercano: no deja de ser nunca filósofo estoico, pero muestra sus debilidades, pues ante todo es un ser humano que sufre, como todos:

> Estos consejos te doy a ti, yo, que lloré tanto a mi queridísimo Anneo Sereno. De modo que soy, por tanto, ejemplo —aunque querría no serlo— de aquellas personas a las que venció el dolor.[140]

El concepto que tiene el filósofo de la amistad es muy distinto al de hoy, en que todo el mundo tiene cientos de amigos, aunque sean virtuales, y que no dejan de ser simples conocidos, curiosos que te piden que los agregues en las redes sociales, colaboradores con quienes se coincide en el trabajo o gente que solo te acompaña en el ocio o la diversión. Séneca entiende la amistad de un modo mucho más exigente: como un paso muy importante en la vida. Insistirá en que hay que saber a quién brindar tu amistad.

> Piensa y tómate tu tiempo si vas a recibir a alguien en tu amistad.[141]

Y un poco más adelante, vuelve a repetirlo:

> Examina todo con tu amigo, pero, antes que nada, a él.[142]

Elegir a tus amigos no es un acto banal; somos seres sociales y la amistad nos permite salir de nuestro egoísmo y buscar el camino a la felicidad:

> Ni existe prosperidad ni adversidad para cada uno separados del resto: vivimos en comunidad. No puede vivir felizmente aquel que sólo mira por sí mismo, que todo lo revierte en su propio provecho: debes vivir para otro, si quieres vivir para ti. Si

cultivamos puntual y religiosamente esta solidaridad que asocia a los seres humanos entre sí y que confirma la existencia de un derecho común para el género humano, contribuimos a la vez muchísimo a potenciar esa comunidad más íntima, de que te hablaba, que es la amistad. Lo tendrá todo en común con el amigo quien tiene mucho de común con el ser humano.[143]

Esta necesidad de vivir en común exige que elijamos amigos fieles, de los que estemos seguros, y, una vez elegidos, confiar en ellos:

> Lo harás fiel, si lo consideras fiel.[144]

Durante toda su vida, Séneca demostró ser un hombre familiar y cariñoso. Cuando fue desterrado por el emperador Claudio a la isla de Córcega, lo primero que pensó fue en escribir a su madre para consolarla y también para pedirle que cuidara de su sobrina Novatila, que acababa de perder a su madre. El amor es un sentimiento generoso que nos debe hacer pensar en los demás antes que en uno mismo y que beneficia tanto al amado como a quien ama. Cuando Séneca le pide a Helvia que cuide de su nieta, está pensando en beneficiar a ambas, porque el amor mutuo las sanará a las dos por igual. A la nieta le ayudará a sobrellevar la terrible pérdida de su madre; a la abuela le servirá para sentirse útil y no pensar de modo obsesivo en el triste exilio del hijo.

Séneca nos dice a cada momento que amar a los demás revierte en nuestro propio beneficio. El amor es una fuerza que te acompaña toda la vida y que se expande por uno mismo cuanto más se otorga a los demás. Salir de ese egoísmo materialista, tan de moda hoy, tan destructivo, ayuda a reforzar nuestra propia psicología y a hacernos invulnerables ante la estupidez de los demás. Séneca supo amar y demostrarlo con hechos, ofreciendo muestras de cariño a sus amigos, a su esposa, a su familia. En un momento determinado también piensa en sus hermanos y le recomienda a su madre viuda que se apoye en ellos. Lo mismo hace con su sobrino Lucano, a quien quiere como a un hijo.

> Después de ellos, mira también a tus nietos: a Marco el niño más cariñoso, en cuya presencia no puede perdurar ninguna tristeza; nada se agita en el pecho de nadie tan grave ni tan reciente que él no apacigüe con sus caricias. ¿A quién no le hará contener las lágrimas su alegría? ¿Qué corazón, aunque esté estrechado por la angustia, no conseguirá él ensanchar con sus ocurrencias?[145]

El consejo que da a su madre es la clave para ensanchar un corazón angustiado: amar, porque, al derramar ese amor sobre otros, se consigue también curar nuestras propias heridas.

El cariño que Séneca sintió por su familia, sus amigos o su esposa le ayudó siempre, en todos los momentos de su vida, incluso en las peores circunstancias. El amor y la amistad son dos sentimientos que contribuyen poderosamente a la felicidad. Son dos palabras que están emparentadas, no solo etimológicamente, por pertenecer ambas a la raíz del verbo amar, sino también en la descripción que el propio Séneca hace de la amistad, un sentimiento desinteresado que busca el bien y la belleza, y que, llevado más allá, se convierte en amor:

> Sin duda el sentimiento de los enamorados tiene algo semejante a la amistad: se podría decir que es una especie de amistad llevada al delirio. Porque ¿acaso alguien ama por interés? ¿Acaso por ambición o deseo de gloria? Por sí solo el amor, descuidando todo lo demás, eleva los ánimos hacia el deseo de belleza con la esperanza de ser correspondido.[146]

Sabemos que Séneca estuvo muy enamorado de su esposa Paulina y tuvo la suerte de ser correspondido. El matrimonio se apoyó mutuamente incluso en los peores momentos. Paulina era una mujer valiente y resoluta. Será un apoyo fiel para Séneca durante toda la vida y se convertirá en el motivo de que el filósofo cuide de su salud en los últimos años de su vida. La intimidad y complicidad que existía entre ambos se refleja en esta carta que dirige a su amigo Lucilio:

> Esto le dije a mi querida Paulina, que me recomienda cuidar de mi salud. Pues como sé que su espíritu y el mío están unidos, para cuidarla a ella, empiezo a cuidar de mí. Y aunque la vejez me ha añadido valentía para muchas cosas, renuncio a este beneficio de la edad; porque me viene a la mente que, en este viejo, también hay una joven que debo cuidar. Así que, ya que no consigo que ella me ame con más valor, ella sí consigue de mí que yo me ame con mayor cuidado. En efecto, hay que ceder a los sentimientos nobles y, de vez en cuando, aunque tengamos motivos sobrados, hay que mantener la vida pensando en los seres queridos y hay que retener el aliento, aunque suframos, y sujetarlo incluso en la misma boca, puesto que un hombre bueno ha de vivir no el tiempo que le plazca sino el que sea necesario: quien no aprecia tanto a su mujer, a su amigo, como para seguir vivo más tiempo, quien se empeña en morir, es un hombre débil. Y a su espíritu debe darle esta orden, cuando lo exija el beneficio de los suyos, y no sólo si decide morir, sino incluso si ha comenzado a morir, debe interrumpir esa decisión y sacrificarse por sus seres queridos. Es propio de un alma grande encontrar sentido a la vida por amor a los demás.[147]

Séneca, que, como los estoicos, acepta el suicidio y la eutanasia ante una situación crítica, expresa con mucha claridad que hay que agarrarse siempre a la vida, vivir para los demás, pensando en ellos, aunque a nosotros nos resulte un esfuerzo o un sacrificio hacerlo. En los momentos en que escribe esta carta, Séneca está viviendo su último año de vida. No sabe cuándo lo condenará Nerón o cuándo le preparará un atentado. El filósofo resulta ahora muy incómodo para el poder, pues su sola existencia es la mayor denuncia. De hecho, Nerón ha intentado envenenarlo y no lo ha conseguido. Séneca está acosado, es como un preso en el corredor de la muerte. Lo ha perdido todo, es anciano y está cercado por Nerón: sabe que tardará poco en morir. Cualquier romano en su situación pensaría en el suicidio, pero él tiene una responsabilidad: su esposa. El destino de ambos está unido. Tras su muerte, la mujer quedará aún más inerme ante Nerón, que es famoso por vengarse en los familiares de quienes condena. Por eso se impone la obligación de vivir, aunque la vejez le ha dado sobrada libertad y valentía para afrontar la muerte. Él ya no tiene nada que perder. Pero su esposa sí.

Séneca nos da aquí otra lección moral. Es un hombre que piensa más en sus seres queridos que en él mismo. No es la primera vez que rechaza una salida fácil, que le evitaría más dolor del necesario. Lo había hecho también cuarenta años atrás, cuando se encontraba en el peor momento de su enfermedad:

> Que estés aquejado de frecuentes catarros y de febrículas que son consecuencia de esos catarros prolongados que se han hecho crónicos me produce un gran disgusto porque yo tengo experiencia de esta clase de enfermedad. En principio no hice caso de ella: mi juventud aún podía soportar sus golpes y luchar con rebeldía contra las enfermedades. Luego sucumbí y llegué a tal punto que yo mismo me consumía, hundido y demacrado hasta el extremo.[148]

Aquellos episodios de asfixia que aquejaron a Séneca en su juventud lo abocaban a un sufrimiento atroz. Padecía ataques de asma que duraban una hora y que los médicos llamaban *meditatio mortis*, antesala o preparación para la muerte. Como bien describe, la enfermedad se apoderó por completo de él en aquellos años: llegó a provocarle delgadez extrema y sentía como la vida se le escapaba entre grandes penalidades. Los accesos eran tan graves que el filósofo pensó incluso en el suicidio, lo que hoy consideraríamos eutanasia, pues no veía salida a esa enfermedad que lo consumía poco a poco y que estaba acabando con su vida. Confesará años después que el único motivo por el que no acabó con su sufrimiento fue su padre. No quiso que aquel hombre anciano tuviera que enfrentarse a la muerte prematura del hijo. Esta es otra lección de heroísmo moral. Igual que, ahora, el amor hacia su esposa lo obliga a seguir luchando, entonces fue el amor a su progenitor el que lo obligó a vivir. A veces hay que vivir para los otros, para servir a una causa mayor. Y esa decisión, que tomó pensando en los demás, le permitió seguir adelante y llegar a lo más alto. En la carta, Séneca narra cómo el compromiso con sus seres queridos fue lo que le impuso la obligación de seguir viviendo:

> A menudo sentí el impulso de quitarme la vida: fue la avanzada edad de mi padre, un hombre muy bueno, la que me retuvo. Pensé entonces no en la fortaleza que yo tenía para morir, sino en la que a él le faltaría a la hora de echarme en falta. En consecuencia, me impuse la obligación de vivir, porque, en ocasiones, incluso vivir, es ya de por sí, obrar con valentía.[149]

Esa valentía, ese esfuerzo, ese amor es lo que condujo a Séneca a la felicidad. Al dominio de sí mismo. A la toma consciente y solidaria de decisiones. Ahora, cuarenta años después, tiene que tomar otra decisión del mismo calibre. Sabe que todo está perdido. Hemos explicado que Nerón buscaba la ocasión de matarlo. Ha intentado envenenarlo y está dispuesto a acabar con él. El filósofo se sabe condenado, oficial u oficiosamente. En otras circunstancias, habría pensado en la muerte voluntaria, como en aquellos tiempos en que la enfermedad lo acosaba. Pero, en estos momentos, adelantarse a esa condena puede poner en riesgo la supervivencia de su esposa. En atención a ella decidirá seguir peleando hasta el fin.

Sobre la importancia del amor y la amistad, Séneca no nos recomendaría hoy otra cosa que la que él demostró en vida. La amistad, como el amor, debe ser una fuerza que ilumine nuestra vida, desde la generosidad y la solidaridad. Esa es, en resumen, otra de las claves de la felicidad humana: amar, un sentimiento que nos hace salir de nuestro egoísmo y encontrar el secreto de la felicidad:

Si vis amari, ama, es decir, si quieres ser amado, ama.[150]

10. La muerte

Los miedos nos impiden ser felices. Y de todos los miedos el más potente es el miedo a la muerte. Esta es una de las pocas certezas absolutas que podemos tener los humanos, que somos los únicos seres vivos de este planeta conscientes de que un día habremos de morir. Séneca nos diría que hay que familiarizarse con esa idea sin obsesionarse. Hay que ver el fin de nuestra vida como algo natural. La inteligencia y el uso de la razón, base estoica para nuestra felicidad, nos permite comprender la inexorabilidad de la muerte, pero también nos faculta para no verla como un motivo de temor o angustia. No hay que pensar en el momento en que llegará, sino ser consciente de esta realidad para vivir la vida y disfrutar de ella, entendiendo que la muerte es parte inevitable de la existencia y que no es un hecho aislado, sino que morimos cada día (*quotidie morimur*), como la luz de una vela que brilla mientras poco a poco se va consumiendo la cera que la alimenta. Séneca explica que somos conducidos hacia la muerte desde el mismo día de nuestro nacimiento (*ex quo natus es, duceris*[151]): pues la vida se nos dio con esa condición.

El filósofo de Córdoba no es un pensador obsesionado con esta idea: él explica que vida y muerte son dos caras de la misma moneda, y quiere que veamos esta realidad con naturalidad. Por eso dice que se ha negado a vivir quien no quiere morir (*Vivere noluit qui mori non vult*[152]), en el sentido de que vida y muerte son complementarias: la una no puede existir sin la otra. Esta es una ley de la naturaleza que nos iguala y hermana como seres vivos, porque a todos nos llegará la muerte algún día, independientemente de nuestras circunstancias personales.[153]

La muerte es, por tanto, condición necesaria para la vida. Y si nuestra razón es la única que nos permite conocer nuestra finitud, también debe procurarnos el pensamiento adecuado para juzgarla adecuadamente, al igual que pretendemos juzgar con inteligencia cada uno de los aspectos de nuestra vida. Séneca nos diría que no hay que temer a la muerte, ni angustiarse con ella u obsesionarse, porque ese sentimiento sería una actitud mental equivocada: *Non mortem timemus sed cogitationem mortis*[154], es decir, no tememos a la muerte sino al pensamiento que tenemos sobre la muerte. Esto puede parecer una paradoja, pero no lo es. Importa mucho la idea que nos hacemos de ella, la actitud que vemos en otros, la reflexión sobre la vida y el ser humano, la educación que recibimos al respecto. Hace medio siglo, en nuestro país se enseñaba a los niños a ver la muerte con más naturalidad que ahora. Cuando moría un abuelo o un tío, los cadáveres se velaban en casa. Los familiares y amigos asistían al velatorio y permanecían un tiempo con la familia. Los niños y jóvenes se acostumbraban de forma más directa que ahora a la idea de que los mayores morían, como hemos de morir todos los seres humanos un día. Hoy, paradójicamente, los niños y los jóvenes juegan a videojuegos violentos, agresivos, de guerras ficticias, de muertes irreales. Hay una especie de banalización de la muerte, que se considera algo lejano, irreal, propio de videojuegos o películas: algo que no nos va a pasar a nosotros. Y, por otro lado, la muerte de nuestros seres queridos, las muertes cercanas de amigos o conocidos se ocultan. Se apartan de la vista y procuramos tratarlas de forma más aséptica, como si no fuera con nosotros.

Séneca propone reflexionar sobre la muerte, hablar y meditar sobre ella como una más de las actividades de la vida. No para afligirse, sino para celebrar con más fuerza la vida. Mirándola cara a cara, el filósofo cree que será más fácil afrontarla con serenidad cuando se presente, pensar en ella con naturalidad, sin angustias ni miedos, con espíritu tranquilo, a través de la serena reflexión.

> Piensa todos los días en ver la forma en que un día puedas abandonar la vida con espíritu sereno. Reflexiona y endurécete, en consecuencia, contra aquello que pueda suceder, incluso frente a las peores desgracias.[155]

La filosofía de Séneca es siempre una invitación al esfuerzo y la resistencia. A través de la reflexión y el fortalecimiento ante la adversidad, el estoico consigue alcanzar un pensamiento que permite sopesar las cosas con ecuanimidad, incluso la idea de la propia muerte. Aceptarla como algo natural permite disfrutar más intensamente de la vida. Cada día vivido es el verdadero tesoro del ser humano.

> Si la divinidad nos añadiera un día más de vida, recibámoslo alegres. El más feliz y seguro poseedor de sí mismo es quien espera un día más de vida sin exigencias; quienquiera que haya dicho «he vivido» se levanta cada día con una ganancia.[156]

Para alguien que se ha propuesto llenar de contenido su vida y vivirla plenamente, un día más es un regalo, que permite gozar de la existencia con más profundidad. Llegar a este pensamiento y asumirlo implica un gran esfuerzo de reflexión y serenidad. Es lo que quiere decir Séneca en muchas de sus sentencias, aparentemente paradójicas, pero cargadas de inteligencia, como esta: *Egregia res est mortem condiscere,*[157] gran cosa es aprender a morir, es decir, el hecho de pensar en la muerte, y reflexionar sobre ella, puede enseñarnos a no sentir miedo ni angustia, sino a centrarnos en lo que tenemos y aprender a aprovechar mejor nuestro tiempo:

> Para no temer nunca a la muerte, piensa siempre en ella.[158]

Séneca nos dice que aceptar la muerte es como aceptar la vejez. Ambos son procesos naturales que no deben provocarnos miedo ni obsesión:

Tam stultum esse qui mortem timeat quam qui senectutem[159], es decir, tan necio es quien teme a la muerte como quien teme a la vejez.

Esa aceptación que propone Séneca no tiene nada que ver con la resignación; la vida y la muerte hay que verlas como lo que son, con plena comprensión de la realidad y de las condiciones con las que se nos ha dado la vida:

> La vida se nos ha dado con la limitación de la muerte. Hacia ella se va.[160]

Hemos visto que los antiguos estoicos eran deterministas: creían en la existencia del destino, el *fatum*. Pues bien, para entenderlo mejor pensemos que la muerte es una de las facetas de ese *fatum*. Nadie podrá evitar la muerte: todos estamos destinados a ella. En ese sentido, el destino mortal del ser humano es inapelable. Pero ante esa realidad ineludible caben dos opciones. Puedes angustiarte toda la vida por ese hecho, rebelarte, quejarte y llorar. No servirá de nada, pero puedes hacerlo. O, por otro lado, si aceptas tu destino como algo natural, puedes disfrutar cada día como si fuera el último, pensar que la aceptación de esta circunstancia te libera del miedo y de la esclavitud que este supone: *quien ha aprendido a morir, ya ha aprendido a no ser esclavo*, dice el filósofo,[161] porque la muerte es ley de vida y no es razonable querer vivir sin admitir lo que la existencia conlleva necesariamente.

> Deja de pretender doblegar con tus ruegos los hados de los dioses. Son meditados y fijos y se dejan guiar por una necesidad grande y eterna: irás allí adonde van todas las cosas. ¿Qué te resulta nuevo en todo esto? Sujeto a esta ley has nacido; esto le sucedió a tu padre, a tu madre, a tus antepasados, a todos antes de ti, a todos después de ti.[162]

Esa idea de serenidad ante la muerte es la misma que muestra Marco Aurelio en sus *Meditaciones*:

> Me dirijo al fin de mi vida puro, tranquilo, liberado, sin violencias y en armonía con mi propio destino.[163]

Esta postura armónica ante el final de la vida la tuvieron tanto los estoicos que creían en la supervivencia del alma como aquellos que no, pues el estoicismo contempla el mundo, el alma y el ser humano como partes de la naturaleza, que es cíclica, donde nada se destruye, sino que se transforma. Esa idea, que no es religiosa sino filosófica, da cabida a las creencias de cada cual, independientemente del concepto que se tenga acerca del más allá:

> Pero después te mostraré con mayor detalle que todas las cosas que parecen morir se transforman. Debe marcharse con ánimo sereno el que va a volver. Observa el orbe que vuelve sobre sí en un eterno ciclo, verás que, en este mundo, nada se extingue, sino que alternativamente va y viene. Se acaba el verano, pero otro año lo traerá de nuevo.[164]

Nada se crea ni se destruye, todo se transforma, y hemos visto que esto, que constituye uno de los principios básicos de la ciencia, lo puede adaptar el hombre de hoy, creyente o no, tanto a su idea de Dios, como a la materia.

Uno de los mayores atractivos de Séneca es que lo podemos hacer nuestro independientemente de la concepción materialista o idealista de cada cual, porque Séneca no tiene religión ni política, no es creyente ni deja de serlo, no es de derechas ni de izquierdas. Es un pensador que nos alumbra en tiempos de crisis y nos aporta una humanidad y perspectivas de la vida acogedoras. Sus palabras han inspirado y serenado a millones de personas en estos últimos dos mil años de historia. Y puede seguir cumpliendo esa función en el corazón de cada ser humano que quiera escucharlo.

Desde una espiritualidad que admite tanto el completo final de la vida como la creencia en un más allá, Séneca sitúa el sentido de la existencia en este mundo, en la propia vida material de los seres humanos, en alcanzar la plenitud personal:

> Qué acto tan hermoso es alcanzar la plenitud de tu vida antes de la muerte, esperar después sin preocupación con calma el tiempo que a cada cual le resta de vida, sin centrarse en uno mismo, sino en la posesión de una vida feliz, que no se hace más feliz por ser más longeva.[165]

En esto de la vida, para los estoicos, también es más importante la calidad que la cantidad. Así lo explica Marco Aurelio, siguiendo la misma línea de Séneca:

> No debe el hombre que se precie de serlo preocuparse de la duración de la vida... sino examinar de qué modo, durante el tiempo que vaya a vivir, podrá vivir mejor.[166]

Vivir más o alcanzar la fama eterna puede convertirse en una obsesión que nos provoque infelicidad y que, según Séneca, nace de una falta de introspección y reflexión:

> ¿Quieres saber qué es lo que hace a los hombres ansiosos de más vida futura? Ninguno tiene el dominio de sí mismo... Te deseo el dominio de ti mismo, que tu espíritu se mantenga firme y sin preocupación, que encuentre satisfacción en sí mismo.[167]

Séneca nunca usa el verbo resignarse cuando habla de la muerte, sino despreciar, *contemnere*, no apreciarla, no temerla, no obsesionarse con ella, dejarla al margen, como algo natural que no debe enturbiar mi mirada hacia la vida y la felicidad. Pensar en esta idea permite defendernos de las fuentes de la infelicidad, como son el miedo y la angustia.

> En consecuencia, ¿en qué hay que ejercitarse? En aquello que te protege frente a todo tipo de dardos, contra toda clase de enemigos: en el desprecio a la muerte. Nadie discute que esta tenga en sí misma la capacidad de aterrorizar nuestro pensamiento,

> dispuesto por naturaleza a amar la vida. Si no fuera así no haría falta ejercitarse y fortalecerse para este trance.[168]

Marco Aurelio parece incluso más sereno cuando habla sobre la muerte, al entenderla como una más de las actividades de la vida. Y cuando llegue el último momento, recomienda ecuanimidad. Una serenidad que debe surgir de la concepción de nuestro final como un proceso natural:

> No desdeñes la muerte; antes bien, acógela gustosamente, en la convicción de que ésta también es una de las cosas que la naturaleza quiere. Porque cual es la juventud, la vejez, el crecimiento, la plenitud de la vida, el salir los dientes, la barba, las canas, la fecundación, la preñez, el alumbramiento y las demás actividades naturales que llevan las estaciones de la vida, tal es también tu propia disolución. Por consiguiente, es propio de un hombre dotado de razón comportarse ante la muerte no con hostilidad, ni con vehemencia, ni con orgullo, sino aguardarla como una más de las actividades naturales.[169]

Esa visión de la muerte, exenta de temor y ansiedad, puede ayudar a centrarnos más en la vida, amarla más, valorarla más. Es todo lo contrario a aquella sensación de angustia por el paso del tiempo y la llegada inexorable de la muerte que se da hoy y se ha dado en otras épocas. Ese sentimiento ha provocado y provoca en muchas personas una angustia vital difícil de soportar; el pesimismo de algunos y el existencialismo de otros siempre ha pivotado sobre esa idea de la muerte como sinsentido de la vida: el miedo al final de la existencia, como cualquier otro miedo, nos provoca infelicidad. Pero la muerte es el destino de todo ser humano, que debe ser consciente de su finitud y aprender a convivir con esa idea. La presencia de ese destino y de cualquier otra circunstancia a la que estemos destinados no tiene por qué implicar necesariamente angustia o infelicidad. Si somos conscientes de la realidad, de nuestras limitaciones, de nuestra fragilidad, podremos aprender a adaptarnos a esa circunstancia, a entendernos mejor, a trabajar en aquellos ámbitos que sí nos pertenecen; aprenderemos a valorar nuestro tiempo, a vivir una vida plena, a ser solidarios con los demás y buscar nuestra felicidad en la libertad, que es lo contrario al instinto; porque la libertad se consigue con la razón, no dejándonos llevar por pasiones o impulsos, no buscando placeres o drogas que potencien nuestra irracionalidad, no persiguiendo el goce momentáneo y perjudicial para nuestra mente o nuestro cuerpo. La felicidad se consigue a través de la sabiduría, que es el uso de la razón, que es la potenciación de nuestra libertad y toma de decisiones frente al instinto, que es acto reflejo, irreflexivo, no pensado, no libre. Cuando pierdo el control (pasiones, ira, drogas) no soy libre, no tengo más libertad que la de un animal acorralado que actúa por puro instinto. Por eso, la libertad y la felicidad, para Séneca y cualquier estoico, se fundamenta en el uso de la razón.

La razón nos enseña que hay cosas que dependen de nosotros y otras que no. Si no entendemos esa gran diferencia, nunca alcanzaremos la felicidad, porque viviremos angustiados por aquello que no depende de nosotros en lugar de pensar, potenciar y disfrutar aquello que sí está en nuestra mano hacer. Con la vida y la muerte pasa igual. Conocer nuestros límites y saber que un día habremos de morir, nos permite disfrutar de la vida y de nuestra libertad, nos anima a aprovechar el privilegio de estar vivos, vivir con plenitud los muchos o pocos días que la vida nos reserve, buscar el mejor camino hacia la libertad y la felicidad con la razón, ese exclusivo y privilegiado instrumento con que contamos los seres humanos.

11. Eutanasia y suicidio

En el estoicismo, es el ser humano el dueño de su destino y de su vida. Los estoicos aceptan y defienden sin dudar la eutanasia. Séneca describe precisamente el caso de un tal Marcelino, enfermo terminal:

> Luego metió allí una bañera donde estuvo tendido largo rato; lo rociaban sin parar con agua templada y poco a poco se fue apagando, según confesó, no sin esa sensación placentera que nos suele aportar cualquier desmayo leve.[170]

Esta misma idea la transmite Séneca en muchas otras sentencias suyas: esas frases breves y aparentemente paradójicas que encierran un pensamiento poderoso en pocas palabras. Dejo en la próxima cita el original en latín en lugar de ponerlo en una nota, para que podamos seguir con facilidad la traducción literal y apreciar también el estilo de Séneca a la hora de escribir:

> Si quid te vetat bene vivere, bene mori non vetat.[171]
> Si algo te impide vivir bien, morir bien nada te lo impide.

Todos reconocemos con facilidad los verbos latinos vetar y vivir, o el adverbio bien. Hoy traduciríamos:

> Si alguna circunstancia te impide vivir bien, ninguna te impide morir con dignidad.

Morir con dignidad es un referente que se repite mucho en sus últimos años. Esto obedece al pensamiento estoico, pero también puede estar motivado por las circunstancias vitales del filósofo. No debemos olvidar que, cuando Séneca escribe sus *Cartas a Lucilio,* sabe que su fin está cerca. Muchas de sus sentencias pueden estar dirigidas a ese Nerón que busca su muerte, y pueden entenderse en ese contexto, en el sentido de que no tiene miedo a ese tirano que lo persigue. Algunos párrafos de sus cartas parecen incluso desafiarlo, como el siguiente en que se compara con Sócrates, aquel sabio que fue condenado a muerte y optó por beber cicuta.

> Quizá el mal no se presente. Tú di: «¿y si se presenta?». Veremos entonces cuál de los dos vence. Quizá viene en mi ayuda y ese tipo de muerte servirá para ennoblecer toda mi vida. La cicuta hizo grande a Sócrates.[172]

La cita interesa porque Séneca siempre quiso compararse a Sócrates; de hecho, cuando llegue la condena de Nerón, Séneca también beberá ese veneno griego, la cicuta, en un acto claramente simbólico. Esta circunstancia histórica puede explicar el hecho de que, en su último libro, haya tantas referencias al hecho de morir, pero, a pesar de ello, no debemos olvidar que la postura de Séneca ante la muerte, el suicidio y lo que hoy llamaríamos eutanasia es plenamente estoica, y el filósofo defendió lo mismo desde el primero hasta el último de sus libros. Sabemos que, a estas alturas de su vida, es una persona que ha hecho sus deberes, que se siente pleno, y por eso dice a su amigo Lucilio que está preparado para ese trance final:

> He vivido, querido Lucilio, cuanto era suficiente, espero la muerte saciado.[173]

La plena aceptación de la eutanasia como una decisión personal y libre de cada uno es, como hemos dicho, algo propio del estoicismo: una idea a la que toda la familia Annea está perfectamente acostumbrada. De hecho, Porcio Latrón, el mejor amigo de Séneca el Viejo, volvió a su ciudad natal, Córdoba, a dejarse morir porque unas fiebres le causaban dolores terribles que no podía soportar. El padre de Séneca fue también un gran estoico y, en este caso, estuvo hasta el último momento con su amigo y asistió a su suicidio, que hoy llamaríamos eutanasia, como lo fueron tantos y tantos suicidios de romanos, que, ante la inevitabilidad del final o condenados a muerte, como fue el caso de Séneca o Lucano, decidieron simplemente cómo y de qué manera cumplir esas condenas y dejar la vida.

Séneca explica en sus *Cartas*, con todo detalle y claridad, su pensamiento sobre lo que hoy llamamos eutanasia y que, en el estoicismo, aparece como una forma de suicidio:

> No abandonaré la vejez si me conserva entero para mí, entero, por supuesto, en la parte más noble; pero si, comienza a perturbar mi inteligencia, a arrancarle sus facultades una a una, si no me permite ya vivir sino solo respirar, saltaré fuera de un edificio carcomido y ruinoso. No rehuiré la enfermedad con mi suicidio mientras sea curable y no nuble mi pensamiento. No levantaré mis manos contra mí por evitar el dolor: morir así es ser vencido. No obstante, si sé que he de sufrirlo a perpetuidad, me iré, no por el dolor en sí, sino porque se convertiría en un impedimento para todo aquello por lo que se vive. Es cobarde y perezoso quien se suicida a causa del dolor, y necio quien vive para sufrir.[174]

El filósofo de Córdoba no tiene miedo a la muerte y sabe que el suicidio o la eutanasia, en circunstancias extremas, es una salida digna cuando no hay otra opción. Pero no debemos perder de vista que Séneca nunca se suicidó en el sentido moderno del término. Las muertes de Lucano y Séneca fueron consecuencia de una condena a la pena capital. Muchos de los famosos cuadros y libros que aluden a esto hablan del suicidio de Séneca o de Lucano sin aclarar que ambos recibieron la orden de morir de parte del emperador Nerón. Aquello no fue suicidio sino condena.

Algo, por otro lado, habitual en esta época del Imperio: cuando un senador o patricio era condenado a muerte, se le permitía dejar la vida en privado, de su propia mano. De esa forma evitaba una ejecución pública, salvaba parte de la herencia para sus hijos, salvaguardaba su dignidad y encontraba una forma más amable y menos dolorosa de abandonar la vida. La mayoría de aquellos aristócratas elegía el suicidio cortándose las venas en una bañera de agua caliente; otros optaron por otra forma de morir. Pero no olvidemos que aquellas no fueron muertes voluntarias. En el caso de Séneca, como buen estoico, su filosofía acepta la eutanasia y el suicidio como opción libre y personal de cada cual, pero él no fue un suicida. Amaba profundamente la vida. Hemos visto que había sufrido una grave enfermedad desde su adolescencia, que le provocaba terribles sufrimientos. Y llevado al límite, nunca optó por el suicidio, pensando antes en sus seres queridos que en sí mismo: primero aguantó por su padre; al final de su vida, por su esposa. A pesar de las dificultades que sufrió, siguió viviendo y luchando en circunstancias extremas, hasta que le llegó la condena a muerte de Nerón. Entonces eligió cortarse las venas en un baño caliente, después beber la cicuta, como hizo Sócrates, y, por último, lo asfixió el vapor. No fue una muerte fácil y, por eso, muchos califican su muerte de teatral, pero no entienden que, detrás de ella, hay una denuncia de la tiranía. En todo caso, no debemos olvidar que el final de Séneca se produjo como consecuencia de una condena a muerte: lo suyo no fue un suicidio tal como hoy lo entendemos.

Séneca acepta el suicidio como una salida digna en situaciones extremas e irreversibles, pero él siempre recomienda luchar hasta el final. Si alguien toma la decisión de abandonar la vida, debe hacerlo tras haberlo meditado mucho, por un deseo y voluntad conscientes y justificados, por razones de fuerza mayor, como puede serlo una enfermedad terminal, pero no por hastío de vivir, cobardía o incapacidad de soportar el dolor o la frustración. Séneca nos diría que el suicidio es un instrumento al alcance del ser humano para su libertad e independencia, que le permite disponer de su vida y evitar un sufrimiento innecesario, pero que debe ser siempre una decisión basada en la inteligencia y la razón. Nunca una determinación tomada desde la depresión, la desgana de luchar o el hastío de vivir. Séneca critica esos últimos motivos como una especie de idea irracional, que él llama *libido moriendi*, algo así como el deseo irracional de morir, y la describe como algo enfermizo, como una pasión desaforada, idea irracional que no ha pasado por el tamiz de la inteligencia.

> El hombre valiente y sabio no debe huir de la vida sino salir de ella. Y, ante todo, debe evitar ese sentimiento que también se apoderó de muchos: el deseo irracional de morir. Querido Lucilio, también hay, como para otras cosas, una irreflexiva inclinación del alma hacia la muerte que con frecuencia ha corrompido a muchos hombres nobles y de muy buena condición y a menudo, también, a muchos cobardes y pusilánimes: los primeros desprecian la vida, los últimos la consideran pesada. A unos y otros les invade el hartazgo de hacer y ver las mismas cosas, no por odio a la vida misma sino por hastío.[175]

Es evidente que Séneca, en línea con el estoicismo clásico, acepta el suicidio y la eutanasia como garantías de la libertad personal. Pero la decisión de acabar con la vida propia debe estar fundada en una reflexión individual y en una toma de decisiones en plena libertad. También hay que pensar en los demás, en el daño o sufrimiento que podemos ocasionar con nuestra muerte a nuestros seres queridos. Así lo hemos visto cuando Séneca optó por seguir viviendo en circunstancias casi desesperadas antes que elegir el suicidio. Lo hizo primero pensando en su padre, cuarenta años después decidió seguir viviendo por el amor hacia su esposa. El suicidio es una opción para situaciones irreversibles. Siempre que se pueda luchar, siempre que haya un mínimo margen para la esperanza, hay que continuar la pelea y seguir adelante.

Ese sentimiento racional, de pleno dominio y posesión de uno mismo, de plena libertad para elegir si queremos seguir viviendo o no, es muy diferente de la actitud débil y cobarde de algunos frente a la vida. Hoy existe también en muchos casos un hastío de vivir porque somos incapaces de soportar el dolor, no hemos aprendido a frustrarnos, a luchar contra la adversidad, a pedir ayuda o pensar en el sufrimiento que puede ocasionar nuestra pérdida en los demás. Esa actitud no casa con el estoicismo, que es una filosofía de lucha y de valor. Hay personas que se quejan continuamente de que la vida es amarga y dolorosa, dice Séneca, otros pregonan que vivir es algo superfluo e innecesario. Esta postura podría identificarse con las ideas existencialistas que niegan el sentido de la vida. Hay personas, que, sin imbuirse en la complejidad de las filosofías, piensan que la vida es aburrida, llena de hastío, una sensación que Séneca llama *taedium vitae*, el tedio de vivir, una pasión irracional que hoy lleva a muchos a la melancolía o una tristeza honda, sin razón aparente, y que puede degenerar en una grave depresión.

El mensaje de Séneca, que acepta el suicidio en circunstancias extremas, es, no obstante, optimista. Él es un luchador que siempre recomienda la vida: aceptarla y amarla, tal como es. Nos invita a no rendirnos nunca y encontrar la belleza en lo que nos rodea, valorar la riqueza del tiempo, el privilegio de vivir.

La muerte no es un bien ni un mal; no hay que temerla ni lamentarla. Es parte de la vida, y el ser humano puede recurrir a ella cuando las circunstancias lo condenen a una enfermedad terminal o una esclavitud incompatible con la libertad. Es una salida para situaciones desesperadas. Entonces tenemos el camino abierto para dejar la vida. Pero aceptar el suicidio no supone buscarlo con afán ni precipitadamente. Esa aceptación solo nos hace dueños de nuestra vida y de nuestra muerte. La libertad de organizar y disponer de nuestra propia existencia es una postura intelectual que nos debe permitir amar la vida, vivirla con más intensidad, ser más conscientes de la importancia de nuestro tiempo. El de Séneca es una especie de *carpe diem* intelectual, porque somos tiempo y esa es la mayor riqueza que poseemos. No debemos malgastarla.

> Haz lo que te digo, amigo Lucilio, reclama para ti la posesión de ti mismo. Coge en tus manos y guarda el tiempo que hasta ahora te han quitado, robado o que tú has perdido... ¿Quién hay que le ponga un precio a su tiempo, tase lo que vale un día de su vida y entiende que cada día muere un poco? Porque nos equivocamos cuando vemos a la muerte como un hecho futuro. Gran parte de ella ya ha pasado. Cada día que has vivido lo posee ya la muerte. Sigue haciendo, amigo Lucilio, lo que me dices que haces: abraza todas las horas. Así despenderás menos del mañana si tomas posesión del día de hoy. Todo es ajeno a nosotros, Lucilio, tan solo el tiempo es verdaderamente nuestro.[176]

12. *La libertad*

Los estoicos saben que la libertad es una actitud personal ante la vida que requiere de dos ingredientes básicos: esfuerzo e inteligencia. Séneca explica a lo largo de toda su obra que abrirse camino en la vida y alcanzar tu libertad exige esfuerzo, dirigido por la inteligencia y el uso de la razón, lo que para el filósofo equivale a decir filosofía o sabiduría.

> Se abre uno camino a la fuerza, y esa fuerza te la dará la filosofía. Refúgiate en ella si quieres vivir sano y salvo, seguro, feliz y sobre todo si quieres alcanzar el objetivo más alto: ser libre.[177]

Por tanto, solo es libre quien se somete a la razón:

> Si quieres someter a ti todas las cosas, sométete tú mismo a la razón.[178]

Con esta aparente paradoja, Séneca nos da la clave: seguir a la razón, y no al instinto, es garantía de libertad. El uso de la inteligencia a la hora de valorar racionalmente las distintas situaciones en que nos encontramos en la vida permite encajar en la realidad, conocer lo que podemos y no podemos hacer. Con esa información y esa guía que nos proporciona la razón, seremos capaces de actuar con libertad y tomar nuestras propias decisiones. Ya hemos visto que uno de los principios básicos del estoicismo consiste en diferenciar qué cosas están bajo nuestro poder y cuáles no. Eso me posibilita ser consciente de mis límites y sacar el mejor partido de la situación. Por mucho que yo me empeñe no podré correr a la velocidad de la luz, ni puedo ser más joven de lo que soy, ni parar el planeta para que deje de girar. Hay cosas que no podemos hacer, pero sí podemos construirnos a nosotros mismos, no actuar como marionetas movidas por el instinto, modificar cualquiera de nuestros hábitos que consideremos perjudiciales, evolucionar y ser mejores, ver las cosas de otro modo, cambiar nuestros pensamientos y sentimientos, porque somos los únicos seres vivos dotados de razón, es decir de capacidad de pensar y de voluntad para llevar a cabo nuestras decisiones.

Esa es la relación que existe entre sabiduría y libertad. Y ambas están al alcance de todos: basta con ejercerlas sabiendo cuáles son nuestros límites y capacidades. Por eso dice Séneca: *sapientia, quae sola libertas est,*[179] que podríamos traducir literalmente *la sabiduría, que es la sola libertad,* en el sentido de que es la única vía hacia la libertad. Pero hemos dicho que esa sabiduría está al alcance de todos, porque para poseerla basta dirigirse por la razón, reflexionar antes de actuar, evitar los impulsos instintivos, la ira, la violencia, el odio o cualquiera de las emociones negativas que no son sino producto de nuestro pensamiento, de cómo interpretamos la adversidad o las agresiones de la vida. La sabiduría estoica que nos lleva a la libertad está al alcance de todos, porque todos pertenecemos a la especie *homo sapiens sapiens,* curiosamente la misma palabra de donde proviene *sapientia,* que es el término que emplea Séneca en el original y que hemos traducido por sabiduría. De ahí proceden nuestros términos españoles sapiencia, sapiencial o sapiente. Y esa facultad es común a todos los seres humanos, pues hemos visto que el estoicismo pone el énfasis en que, a diferencia de los animales, los seres humanos estamos dotados de razón, lo que nos permite reflexionar sobre qué es la felicidad para mí y cómo puedo conseguir, al menos, acercarme a ese sentimiento. Y si la felicidad es un sentimiento, puedo llegar a sentirla con ayuda del filtro racional que poseemos los humanos y que interpreta lo que nos pasa, nuestras sensaciones o la información del mundo que nos rodea. Todos somos partícipes de la razón, de ese instrumento que hace posible la felicidad.

Esa facultad de nuestra inteligencia nos permite diseñar el camino que queremos tomar en la vida, decidir la forma de conducirnos por ella. Es cuestión de prioridades. Si nuestro primer objetivo en la vida consiste en la búsqueda del placer a toda costa, sin reparar en más y por encima de todo, podremos hacerlo, pero para Séneca no es la mejor opción, ya que confundimos la felicidad con sus instrumentos y perdemos nuestra libertad:

> ¡Qué pésima y desastrosa esclavitud tendrá que sufrir aquel a quien dominen alternativamente el placer y el dolor, los amos más caprichosos e imprevisibles! Hay que encontrar entonces una salida hacia la libertad. Y la libertad no la otorga sino la indiferencia por la fortuna.[180]

Séneca entiende la libertad como independencia e impasibilidad. La independencia la consigue con una actitud razonada e inteligente ante la vida, despreciando las comodidades y bienes materiales que nos esclavizan. Aceptar sin orgullo y desprenderse sin apego de los bienes materiales nos fortalece frente a la fortuna y permite centrarse en nosotros mismos. La impasibilidad, la serenidad y la ecuanimidad le ayudan a no dejarse llevar por los deseos caprichosos ni los temores. Cuando el filósofo menciona la indiferencia por la fortuna, está hablando de la suerte, del azar, de la diosa Fortuna, que otorga bienes o males a capricho. Ser indiferente a ella significa no concederle un papel destacado en tu vida, saber afrontar tu existencia sin esperar que los bienes caigan del cielo ni tampoco temer a cada momento sus azotes. Poner tu mente en positivo, razonar y racionalizar todo lo que nos pase, no dejarnos llevar por nuestras reacciones impulsivas o irracionales, todo eso, ya es ir dejando poco margen a la diosa Fortuna, de por sí caprichosa e inasible.

Puede llamarse feliz al que, gracias a la razón, ni desea ni teme.[181]

Séneca no va a abortar de raíz cualquier placer. Existen y no son perjudiciales, si no mandan, si quien los dirige es la inteligencia, si nos servimos de ellos y no somos sus esclavos.

De modo que el placer no sea guía sino compañero de una voluntad recta y buena.[182]

El placer y la felicidad, es para Séneca, respectivamente, símbolo del instinto y la libertad. Por eso la felicidad no depende del placer sino al contrario. Primero se alcanza la felicidad a través de nuestra inteligencia y voluntad, de nuestro esfuerzo de superación y mejora personal; luego vendrá el placer como compañero de esa libertad, autodominio y felicidad. La sensualidad, los placeres y la pasión no hay que erradicarlos, según Séneca, aunque hemos visto que los estoicos ortodoxos sí les plantearon una guerra abierta. El filósofo de Córdoba no busca eliminarlos, pero todo placer debe estar siempre bajo el control de la razón, porque, si ellos toman el mando, nosotros perdemos nuestra libertad. El autocontrol de las emociones, no la represión sino el autocontrol, es ingrediente básico para la felicidad.

Esta idea de libertad la defenderán todos los estoicos. El propio Epicteto, que fue esclavo, supo mejor que nadie que la libertad es una actitud ante la vida. Entendió, como decía Séneca, que hay patricios romanos que son más esclavos que sus siervos, porque son esclavos del lujo, de los vicios o placeres, y eso los domina, los controla, guía sus vidas. Ellos no son dueños de sus acciones, sino que actúan en función de sus vicios y dependencias, y eso, en el fondo, los hace infelices, aunque sean ricos y poderosos.

Es evidente que, para los estoicos, la felicidad no solo es un concepto individual sino social. Séneca no se cansa de decirnos que el ser humano no puede vivir aislado sino en comunidad. En todas las esferas de su vida. Hemos visto que Marco Aurelio lo expresó con una metáfora que aclara la vinculación que existe entre individuo y sociedad, cuando decía que lo que perjudica a la colmena no beneficia a abeja. Por tanto, para los estoicos, la libertad es también un concepto social, como social es el ser humano. No se la puede entender como la capacidad para satisfacer cualquier capricho personal, sin límites, a pesar y por encima de todo: esa sería más bien la libertad del tirano o la del lobo en el corral de gallinas. Ser libre de verdad implica conocer los límites, respetar la libertad de los demás, gobernarse bajo el imperio de la razón y de la inteligencia.

Este mensaje es tremendamente liberador y ofrece una esperanza frente a todos aquellos que, en cualquier época, han pretendido ejercer la dominación sobre los demás. En nuestras sociedades democráticas de hoy, tenemos más margen que en las antiguas para defender nuestras libertades políticas, pero, muchas veces, renunciamos por pereza a nuestra libertad personal. Decía Séneca que *La libertad es no ser esclavo de ninguna cosa,*[183] y, hoy día, somos esclavos de muchas. Nos creamos unas necesidades que no lo son en realidad. Cuanto más dependas de lo material, del qué dirán, de lo que otros hagan o tengan, de la envidia o el temor, menos libre serás y más esclavo de los demás. Eso es lo que nos diría Séneca hoy. Por ejemplo, en nuestra sociedad actual todo el mundo necesita un móvil. Pero no uno de doscientos euros sino de mil. Nos dejaremos explotar en trabajos miserables para luego gastar todo nuestro dinero en la compra de ese dispositivo. Nos dejaremos el tiempo y la vida en comprar objetos de consumo que quizá nos duren dos años o tres como mucho. Y después compraremos otro y otro. Iremos ensuciando el planeta de basura tecnológica a la vez que vaciamos nuestros bolsillos y nos cargamos de ansiedad, porque ese móvil que a veces zumba como una avispa furiosa nos exige total disponibilidad y respuesta rápida. Somos esclavos del zumbido o de la melodía indiscreta. Hay que responder rápido. Hay que crear contenidos atractivos, fotos, memes, que gusten a los demás. Estaremos pendientes todo el día del móvil en lugar de hablar directamente con nuestros amigos, pasear o leer. Esos objetos materiales de que nos rodeamos no nos proporcionan felicidad, sino necesidades ficticias: necesidad de estar todo el día pendiente de mensajes o imágenes, necesidad de aparentar en las redes que somos felices, radiar nuestra vida y hacer reportajes continuos de lo que hacemos, disimulando una existencia pobre en afectos y en solidaridad. Lo cierto es que, cuanto menos pendiente estés del móvil, más pegado estarás a la vida y la felicidad, porque todo lo que aparece en la pantalla es virtual, no real. Es apariencia y placer efímero.

Deja la pantalla y mírame a los ojos. Eso nos diría Séneca hoy.

Notas

[1] Monterroso, Alberto. 2018. *Séneca, la sabiduría del Imperio,* Almuzara, Córdoba.
[2] Séneca *Epístolas morales a Lucilio,* 33.10-11.
[3] Séneca *Epístolas morales a Lucilio,* 79.17.
[4] Marco Aurelio *Meditaciones,* VI.54.
[5] Horacio *Odas*, III 30, 6.
[6] Séneca *Epístolas morales a Lucilio,* 8.2.
[7] Platón *La República,* V, 473d.
[8] Tertuliano *De anima*, 20.1.
[9] Ruiz, José Carlos. 2023. *Incompletos.* Destino, Barcelona, aporta en su aparato crítico documentación y fuentes oficiales que corroboran estos datos.
[10] Los filósofos y científicos más rigurosos que han tratado el problema de la felicidad suelen darle la razón a Séneca en este aspecto, no solo Julián Marías en su famoso libro *La felicidad humana*, o el más reciente de José Carlos Ruiz, *Incompletos*. También grandes representantes de la divulgación científica como Eduard Punset en *El viaje a la felicidad*. Este último coincide con Séneca en la importancia que tiene para ser feliz aprender a gestionar nuestras emociones, especialmente las negativas. Y la influencia de Séneca se hace notar en los pilares básicos en que basa su libro: la importancia de la colectividad, que él llama *formar parte de un equipo*, o el dominio de la propia vida a través del control de los miedos y los deseos.
[11] Marco Aurelio *Meditaciones,* II.1.
[12] Marco Aurelio *Meditaciones,* II.1.
[13] Marco Aurelio *Meditaciones,* II.2.
[14] Marco Aurelio *Meditaciones,* IV.1
[15] Ruiz, José Carlos. 2023. *Incompletos.* Destino, Barcelona, pág. 18.
[16] Séneca *Epístolas morales a Lucilio,* 8.2.
[17] Marías, Julián. (1987). *La felicidad humana,* Alianza editorial, Madrid, pág. 149.

[18] Kant, (2020). *Crítica a la razón práctica*, Editorial Verbum, Madrid pág. 107.
[19] Marías, Julián. (1987). *La felicidad humana*. Alianza editorial, Madrid, pág. 198.
[20] Séneca *Epístolas morales a Lucilio* 61.4.
[21] Epicteto, *Disertaciones*, 1.1.
[22] Marco Aurelio *Meditaciones*, V.16.
[23] Marco Aurelio *Meditaciones*, IV. 3.
[24] Séneca *Epístolas morales a Lucilio*, 95.33
[25] Séneca *Epístolas morales a Lucilio*, 44.5.
[26] Séneca *Epístolas morales a Lucilio*, 47.15-16.
[27] Séneca *De Vita Beata*, 1.1.
[28] Ruiz, José Carlos. 2023. *Incompletos*. Destino, Barcelona, pág. 100 cita a Concheiro y Byung-Chul y hace un análisis muy detallado de los efectos de lo digital en las nuevas configuraciones temporales de nuestro tiempo.
[29] Séneca *Epístolas morales a Lucilio*, 44.7.
[30] Séneca *Epístolas morales a Lucilio*, 71.2.3.
[31] Séneca *Epístolas morales a Lucilio*, 16.3.
[32] Séneca *Epístolas morales a Lucilio*, 16.3.
[33] Séneca Epístolas morales a Lucilio, 23.8.
[34] Séneca *De vita beata*, 1.2-3.
[35] Séneca *De vita beata*, 1.4-5.
[36] Séneca *Epístolas morales a Lucilio*, 10.1.
[37] Séneca *Epístolas morales a Lucilio*, 25 (*Dissimilem te fieri multis oportet, dum tibi tutum sit ad te recedere*).
[38] Séneca *Epístolas morales a Lucilio*, 26.6.
[39] Séneca *Epístolas morales a Lucilio*, 29.11 (*Multo autem ad rem magis pertinet qualis tibi videaris quam aliis*).
[40] *Séneca Epístolas morales a Lucilio*, 1.
[41] Séneca Epístolas morales a Lucilio, 71.36-37.
[42] *Séneca Epístolas morales a Lucilio*, 74.19.
[43] *Séneca Epístolas morales a Lucilio*, 74.20-21.
[44] Séneca Epístolas morales a Lucilio, 41.6.
[45] Séneca *De vita beata*, 2.4.
[46] Séneca *Epístolas morales a Lucilio*, 62.3.
[47] Séneca *Epístolas morales a Lucilio*, 5.1.
[48] Séneca *De vita beata*, 23.1-2.
[49] Séneca *Epístolas morales a Lucilio*, 20.10.
[50] Séneca *De vita beata*, 24.3.
[51] Séneca *Epístolas morales a Lucilio*, 50.2.
[52] Séneca *Epístolas morales a Lucilio*, 50. 2-3.

[53] Séneca *Epístolas morales a Lucilio,* 15.4-5.
[54] Séneca *De vita beata,* 27.4.
[55] Séneca *De vita beata,* 19.2.
[56] Séneca *De vita beata,* 20.1.
[57] Séneca *De vita beata,* 19.2.
[58] Séneca *De vita beata,* 3.3.
[59] Séneca *De vita beata,*4.2.
[60] Séneca *De vita beata,* 4.3.
[61] Séneca *De vita beata,* 3.4.
[62] Séneca *De vita beata,* 3.4.
[63] Séneca *De vita beata,* 4.4.
[64] Séneca *Epístolas morales a Lucilio,* 31.5.
[65] Séneca *Epístolas morales a Lucilio,* 13.6.
[66] Marco Aurelio *Meditaciones,* VIII.47.
[67] Marco Aurelio *Meditaciones,* VIII.59.
[68] Séneca *De vita beata,* 17.1.
[69] Séneca *De vita beata,* 5.1-3.
[70] Séneca *Epístolas morales a Lucilio,* 4.11.
[71] Séneca *Ad Helviam,* 8-11.
[72] Séneca *Epístolas morales a Lucilio,* 16.8-9.
[73] Séneca *Epístolas morales a Lucilio,* 42.9-10.
[74] Séneca *Epístolas morales a Lucilio,* 119.9.
[75] Séneca *Epístolas morales a Lucilio,* 2.6.
[76] Séneca *De vita beata,* 4.2.
[77] Séneca *Epístolas morales a Lucilio,* 23.6.
[78] Séneca *Epístolas morales a Lucilio,* 13.4.
[79] Séneca *Epístolas morales a Lucilio,* 98.8.
[80] Séneca *Epístolas morales a Lucilio,* 13.4-5.
[81] Séneca *Epístolas morales a Lucilio,* 5.9.
[82] Séneca *De vita beata,* 27.3.
[83] Marco Aurelio *Meditaciones,* IV.49.
[84] Séneca el Viejo *Contr.*, IV. *praef.*6.
[85] Séneca *De vita beata,* 6.2.
[86] Séneca *Epístolas morales a Lucilio,* 45.9.
[87] Séneca *De vita beata,* 15.5-7.
[88] *Séneca Epístolas morales a Lucilio,* 107.11.
[89] Séneca *De vita beata,* 16.1.
[90] Séneca *Epístolas morales a Lucilio,* 37.4.
[91] Séneca *De vita beata,* 16.2.
[92] Séneca *De vita beata,* 16.3.
[93] Séneca *De vita beata,* 20.2-5.

[94] Séneca *Epístolas morales a Lucilio,* 45.4.
[95] Marco Aurelio *Meditaciones,* IX.42.
[96] Marco Aurelio *Meditaciones,* IV.33.
[97] Marco Aurelio *Meditaciones,* VII.59.
[98] Séneca *De Ira,* 1.20 4-5.
[99] Séneca *De vita beata,* 8.2.
[100] Séneca *De vita beata,* 8.3.
[101] Séneca *De vita beata,* 13.5.
[102] Séneca *De vita beata,* 14.1.
[103] Séneca *De vita beata,* 14.2.
[104] Séneca *De vita beata,* 14.3.
[105] Séneca *De vita beata,* 15.3.
[106] Marco Aurelio *Meditaciones,* II.17.
[107] Marco Aurelio *Meditaciones,* 4.48.
[108] Ruiz, José Carlos. 2023. *Incompletos.* Destino, Barcelona, pág. 19, hace un análisis muy certero de estos nuevos educadores y de sus efectos sobre la fragilización de la personalidad, especialmente entre los más pequeños.
[109] Séneca *Epístolas morales a Lucilio,* 33.10-11.
[110] Séneca *Epístolas morales a Lucilio,* 27.
[111] José Carlos Ruiz *Incompletos.* Destino, Barcelona 2023 pág. 20, alude a la responsabilidad de la comunicación visual cibernética en el empobrecimiento del lenguaje oral y escrito apoyándose en artículos y bibliografía que alertan de la simplificación del lenguaje y la pérdida del pensamiento complejo.
[112] Séneca *De Beneficiis,* 2.34.4.
[113] Véase nota 50.
[114] Marco Aurelio *Meditaciones,* VI.54.
[115] Séneca *Consolación a Marcia,* 16.1.
[116] Séneca *Epístolas morales a Lucilio,* 94.26.
[117] Séneca Epístolas morales a Lucilio, 113.30.
[118] Séneca *Epístolas morales a Lucilio,* 95.33.
[119] Séneca *Troyanas,* 258-264.
[120] Horacio *Epist.*, Il, 1, 156.
[121] Virgilio *Geórgicas,* libro I, 145.
[122] Séneca *Epístolas morales a Lucilio,* 112.2.
[123] Séneca *Epístolas morales a Lucilio,* 112.3.
[124] Plinio el Viejo *Historia Natural,* XIV.49.
[125] Columela *La agricultura,* 3.3.3.
[126] Marco Aurelio *Meditaciones,* IV.31.
[127] Marco Aurelio *Meditaciones,* VI.30.
[128] Marco Aurelio *Meditaciones,* IV. 3.

[129] Marco Aurelio *Meditaciones,* V.16.
[130] Séneca *Epístolas morales a Lucilio,* 47.1-2.
[131] Séneca *Epístolas morales a Lucilio,* 47.10.
[132] Séneca *Epístolas morales a Lucilio,* 47.15.
[133] Séneca *Epístolas morales a Lucilio,* 47.11.
[134] Rodríguez Magariños «Séneca: ¿creador de los derechos del hombre?» *AIS* 9(2), 179–206.
[135] San Agustín, *Ciudad de Dios,* VI.10.
[136] Séneca *Sobre la felicidad,* 26.8.
[137] Suetonio *Vida de los doce césares, Nerón,* VI.56.
[138] Séneca *Epístolas morales a Lucilio,* 6.2.
[139] Séneca *Cuestiones Naturales,* 4. pref.15.
[140] Séneca *Epístolas morales a Lucilio,* 63.14.
[141] Séneca *Epístolas morales a Lucilio,* 3.2 *(Diu cogita an tibi in amicitiam aliquis recipiendus sit).*
[142] Séneca *Epístolas morales a Lucilio,* 3.2 *(Omnia cum amico delibera, sed de ipso prius).*
[143] Séneca *Epístolas morales a Lucilio,* 48.2-3.
[144] Séneca *Epístolas morales a Lucilio,* 3.3 *(fidelem si putaveris, facies).*
[145] *Séneca Ad Helviam,* 18.4-5.
[146] Séneca *Epístolas morales a Lucilio,* 9. 11.
[147] Séneca *Epístolas morales a Lucilio,* 104.2-4.
[148] Séneca *Epístolas morales a Lucilio,* 78.1.
[149] Séneca *Epístolas morales a Lucilio,* 78.2.
[150] Séneca *Epístolas morales a Lucilio,* 9.6.
[151] Séneca *Epístolas morales a Lucilio,* 4.9.
[152] Séneca *Epístolas morales a Lucilio,* 30.10.
[153] Séneca *Epístolas morales a Lucilio,* 30.11: *Mors necessitatem habet aequam et invictam: prima autem pars est aequitatis aequalitas,* es decir, la muerte entraña una obligación justa e invicta: el primer presupuesto de la equidad es la igualdad.
[154] Séneca *Epístolas morales a Lucilio,* 30.17.
[155] Séneca *Epístolas morales a Lucilio,* 4.5: *Hoc cotidie meditare, ut possis aequo animo vitam relinquere. Ergo adversus haec quae incidere possunt etiam potentissimis adhortare et te indura.*
[156] Séneca *Epístolas morales a Lucilio,* 12.9: *Crastinum si adiecerit deus, laeti recipiamus. Ille beatissimus est et securus sui possessor qui crastinum sine sollicitudine expectat, quisquis dixit «vixi» cotidie ad lucrum surgit.*
[157] Séneca *Epístolas morales a Lucilio,* 26.8.
[158] Séneca *Epístolas morales a Lucilio,* 30.18: *Tu tamen mortem ut numquam timeas semper cogita.*

[159] Séneca *Epístolas morales a Lucilio,* 30.10.
[160] Séneca *Epístolas morales a Lucilio,* 30.10: *Vita enim cum exceptione mortis data est. Ad hanc itur.*
[161] Séneca *Epístolas morales a Lucilio,* 26.10: *Qui mori didicit servire dedidicit.*
[162] Séneca *Epístolas morales a Lucilio,* 77.12.
[163] Marco Aurelio *Meditaciones,* III.16.
[164] Séneca *Epístolas morales a Lucilio,* 36.11.
[165] Séneca *Epístolas morales a Lucilio,* 32.3.
[166] Marco Aurelio *Meditaciones,* 7.46.
[167] Séneca *Epístolas morales a Lucilio,* 32.4.
[168] Séneca *Epístolas morales a Lucilio,* 36.8.
[169] Marco Aurelio *Meditaciones,* IX.3.
[170] Séneca *Epístolas morales a Lucilio,* 77.9.
[171] Séneca *Epístolas morales a Lucilio,* 17.5.
[172] Séneca *Epístolas morales a Lucilio,* 13.14.
[173] Séneca *Epístolas morales a Lucilio,* 61.4.
[174] Séneca *Epístolas morales a Lucilio,* 58.35-36.
[175] Séneca *Epístolas morales a Lucilio,* 24, 25-26
[176] Séneca *Epístolas morales a Lucilio,* 1.1.
[177] Séneca *Epístolas morales a Lucilio,* 37.3: *Fit via vi et hanc tibi vim dabit philosophia. Ad hanc te confer si vis salvus esse, si securus, si beatus, denique si vis esse, quod est maximum, liber.*
[178] Séneca *Epístolas morales a Lucilio,* 37.4: *Si vis omnia tibi subicere, te subice rationi.*
[179] Séneca *Epístolas morales a Lucilio,* 37,4.
[180] Séneca *De vita beata,* 4.4-5.
[181] Séneca *De vita beata,* 5.1.
[182] Séneca *De vita beata,* 8.1.
[183] Séneca *Epístolas morales a Lucilio,* 51.9.

Bibliografía

Las modas y tendencias llevan tiempo poniendo el foco en el concepto de felicidad. Y para ello se recurre en muchos casos a ideas propias del estoicismo, muy de moda en nuestros días, pero expuestas, en la mayoría de ocasiones, sin contextualizar, con un grado de urgencia y simplicidad que desfigura el mensaje de los grandes pensadores grecorromanos, especialmente en Séneca, quien la trata de forma más compleja y extensa que otros, con una riqueza de matices que es necesario abarcar. Por ello hay que acercarse directamente al pensador, interpretarlo y aplicar sus ideas a nuestro tiempo, para no mostrar la fuerza de su pensamiento con una visión sesgada, parcial, incompleta y, en muchas ocasiones, falsa, respecto de lo que supuso para Séneca la idea de felicidad.

Para acercar al lector el verdadero pensamiento de Séneca, hay que acudir a las fuentes originales, es decir, a los propios textos del filósofo de Córdoba. Ese es el motivo de que la abrumadora mayoría de las notas y de la bibliografía utilizada hayan sido las obras del propio Séneca, cuyos textos, y otros como Séneca el Viejo o Marco Aurelio, he optado por traducir yo mismo a partir de sus originales en latín y griego de las prestigiosas ediciones de Oxford, Loeb, Teubner o Belles Lettres.

Para contextualizar al personaje he empleado los datos y la bibliografía de mi libro *Séneca, la sabiduría del Imperio*, especialmente las cinco mejores monografías que sobre él se han escrito desde la segunda mitad del siglo pasado: las de Griffin, Grimal,

Socas, Veyne y Wilson, que aparecen citadas oportunamente junto a algunas lecturas, consultas o artículos revisados a este fin, aunque tengan escasa o nula presencia en esta obra.

Por último, para tratar el concepto de la felicidad desde un punto de vista histórico y su relación con el mundo de hoy, me he ceñido a las que, a mi modo de ver, son cuatro de las mejores aportaciones que se han hecho desde el campo de la filosofía y la ciencia durante el último siglo. *La conquista de la felicidad* de Bertrand Russell y *La felicidad humana* de Julián Marías, que además fue traductor de la obra de Séneca *De vita beata* por indicación del propio Ortega y Gasset, me han servido para hacer una retrospectiva del concepto a lo largo de la historia. Para relacionar las ideas de Séneca con la moderna neurociencia y psicología siempre es útil releer *El Viaje a la felicidad* de Eduard Punset. Y para obtener una documentación más precisa sobre los cambios que el concepto de felicidad ha experimentado en la moderna sociedad digital he manejado *Incompletos* de José Carlos Ruiz, publicado el pasado año 2023, y que me parece un acercamiento inteligente y elegante al concepto de felicidad desde el campo de la filosofía, donde nació y encuentra su lugar natural.

Aristóteles. (2005) Ética *nicomaquea*. Grupo Editorial Éxodo.

Bauman, R. (2000) *Human rights in Ancient Rome*. Nueva York: Routledge.

Blüher, K.A. (1983) *Séneca en España: investigaciones sobre la recepción de Séneca en España desde el siglo XIII hasta el siglo XVII*, versión española de Juan Conde, Madrid: Gredos.

Codoñer, Merino C. (ed.) (1997) *Historia de la literatura latina*. Madrid: Cátedra.

Codoñer Merino, C. (2019) «Hombre y Sociedad en Séneca», *Liburna*, 14.

Columela, & García Armendáriz, J.-I. (2004) *Libro de los arboles; La labranza*. Libros I-V. Madrid, Gredos.

Epicteto, Ortiz García, P., & Arriano, F. (1993) *Disertaciones por Arriano*. Gredos.

Estrada López. (2020) «La concepción moderna de felicidad en Descartes». *Revista Filosofía UIS*, 19(2), 35–54.

Fontán, A. (1989) «La monarquía de Séneca» *Gerión. Revista de Historia Antigua, Anejo II*. Madrid.

Fontán, A. (2001) *Letras y poder en Roma,* Pamplona: Univ. Navarra.

Griffin, Miriam T. (1992) *Seneca, a Philosopher in Politics*, Oxford: Oxford Clarendon Press.

Grimal, Pierre. (2013) *Séneca*, Madrid: Gredos.

Grimal, P. (1969) *Sénèque. De Brevitate vitae*, édition, *introduction et commentaire*, Presses universitaires de France.

Haase, F. (1852) *Seneca: Works.* Leipzig: Teubner.

Hernán Villarino. (2014) «Vivir según la naturaleza. El caso de Séneca y Epicuro» *Eikasia: revista de filosofía*, 235, Oviedo.

Highet, G. *La Tradición Clásica. Influencias griegas y romanas en la literatura occidental*, 2 vols., México: Fondo de Cultura Económica, 1954.

Homo, L. (1981) *Nueva Historia de Roma*, Madrid: Iberia.

Horacio Flaco, & Moralejo, J. L. (2010) *Odas*. Gredos.

Horacio Flaco, & Moralejo, J. L. (2012) *Sátiras; Epístolas Arte poética* (2a ed.). Gredos.

Kant, (2020) *Crítica a la razón práctica*, Editorial Verbum, Madrid.

Leibniz, G. W., (2018) *Escritos filosóficos,* Antonio Machado libros.

López. A. (2020) «La influencia de Séneca en la filosofía de Spinoza: una aproximación». *Signos filosóficos*, 22(43), 34–57.

López Salort. (2021) «Epicuro: los caminos para la felicidad». *Enfoques*, 33(1), 87–105.

Marco Aurelio. *Meditaciones.* (2007) Por Cortés Gabaudán y Rodríguez Gervás (intr. y trad.), Madrid: Cátedra.

Marco Aurelio *Meditaciones.* (1977) Traducción por Ramón Bach Pellicer e introducción de Carlos García Gual, Madrid: Gredos.

Marías, Julián. (1987) *La felicidad humana,* Alianza editorial, Madrid.

Monterroso, Alberto. (2018) *Séneca. La sabiduría del Imperio*, Córdoba: Almuzara.

Musonio Rufo, Epicteto. (1995) *Tabla de Cebes. Disertaciones; Fragmentos menores.* Madrid: Gredos.

Noyen, P. (1955) «Marcus Aurelius, the Greatest Practician of Stoicism», *L' Antiquite classique.*

Ortiz Delgado. (2017) «La moderación de las pasiones o indicios de estoicismo en Las troyanas de Séneca». *Revista de filosofía*, 73, 193–209.

Platón, Lisi, F. L., Calonge Ruiz, J., & García Gual, C. (2000) *Diálogos.* Gredos.

Plinio Segundo, Cayo. *Historia natural.* Obra completa. Madrid: Gredos.

Punset, Eduard. (2006) *El viaje a la felicidad: las nuevas claves científicas.* Barcelona: Destino.

Renan, E. (1882) *Marc-Aurèle et la fin du monde antique*, Paris, Calmann-Lévy.

Rodríguez Magariños, F. G. (2022) «Séneca: ¿creador de los derechos del hombre? Sobre el rol troncal de Séneca en la creación de los Derechos Humanos». *AIS: Ars Iuris Salmanticensis*, *9*(2), 179–206.

Rodríguez-Pantoja, M. (ed) (1997) *Séneca, dos mil años después. Actas del congreso internacional conmemorativo del bimilenario de su nacimiento*, Córdoba: Univ. de Córdoba.

Ruiz, José Carlos. (2023) *Incompletos.* Barcelona: Destino.

Russell, B. (2015) *La conquista de la felicidad.* Debolsillo.

San Agustín, *Ciudad de Dios.* Madrid: Gredos.

Séneca,

Tragedias. Obra completa. Madrid: Editorial Gredos.

Epístolas morales a Lucilio. Obra completa. Madrid: Editorial Gredos.

Diálogos. Apocolocintosis; Consolaciones a Marcia, a su madre Helvia y a Polibio. Madrid: Gredos.

Diálogos; Sobre la Providencia. Sobre la firmeza del sabio. Sobre la ira. Sobre la vida feliz. Sobre el ocio. Sobre la tranquilidad del espíritu. Sobre la brevedad de la vida. Madrid: Gredos.

Séneca, *Sobre la Felicidad*, versión y comentarios de Julián Marías, Madrid: Alianza Editorial.

Séneca, *Cuestiones Naturales*, traducción de Carmen Codoñer, Madrid: CSIC.

Séneca, *I fragmenti*, edición de Dionigi Vottero, Bolonia: Pàtron Editore.

Séneca, Adiego Lajara, I.-J., Artigas, E., & Riquer, A. de. (2005) *Controversias.* Gredos.

Solana, J. (ed) (2008) *La obra de Séneca y su pervivencia. Cinco estudios*, Córdoba: Univ. de Córdoba.

Socas, F. (2008) *Séneca, cortesano y hombre de letras*, Sevilla: Fund. J.M. Lara.

Suetonio Tranquilo, & Picón García, V. (2004) *Vidas de los césares* (3a ed.). Cátedra.

Tácito, *Anales*. Obra completa. Madrid: Gredos.

Vargas Vargas. (2021). Bioética de la vida y de la muerte en Séneca, razones sociopolíticas para morir. *Praxis* (San José), 83.

Veyne, P. & Sullivan, D. (2003). *Seneca: the life of a stoic*. Routledge.

Veyne, P. (2008) *Séneca, una introducción*, Barcelona: Marbot ediciones.

Virgilio Marón, Vidal Carreras, J. L., & Recio, T. de la A. (2010) *Geórgicas*. Gredos.

Von Albrecht, M. (1997-1999) *Historia de la literatura romana*, traducción de Dulce Estefanía y Andrés Pociña, Barcelona: Herder.

Wildberger, & Colish, M. L. (2014). *Seneca Philosophus* (Wildberger & M. L. Colish, Eds.). De Gruyter.

Wilson, E. (2016) *Séneca*, Madrid: Rialp.

Zambrano, M. (1985) *El pensamiento vivo de Séneca*, Madrid: Cátedra.